DOR to Taipei

《도어》는 어라운드에서 만드는 시티 큐레이션 매거진입니다. 매 호, 한 도시를 선정해 그곳에 사는 사람들의 삶과 문화, 생활 속 가치를 세 가지 키워드로 풀어냅니다.

두 번째 도시는 대만 타이베이입니다. 영화와 책, 그리고 차를 다룹니다. 오프라인 서점 및 어라운드 스토어에서 매거진 《도어》를 만나보세요.

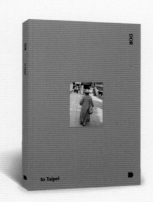

dormagazine.com

FRANCO FERRARO
DAL 1974 MILANO

LANGUAGE

언어

영화 〈러빙 빈센트〉를 봤다. 말보다는 그림과 글로 이야기하고 싶어했던 화가 '빈센트 반 고흐'의 죽음 후 1년을 다룬 영화다. 이 영화 속에서 나의 시선을 끌었던 건 편지를 전해 주는 우편배달부 '조셉 룰랭'이었다. 지금처럼 이메일이나 SNS가 없던 시절, 이야기를 전할 수 있는 유일한 수단이었던 우편배달. 이렇게 중요한 업무를 맡았던 우편배달부의 기억은 이제 점점 사라지고 있다. 지금의 택배원과 과거의 우편배달부가 어떻게 다른지 아이들에게는 설명을 해줘야 하는 시대다. 지금 내가 하는 일도 따지고 보면 우편배달부와 다르지 않다는 생각이 든다. 매달 다른 이야기를 누군가의 집으로 배달하고 있다. 직접 우표를 붙여 편지를 보내던 시절처럼 손으로 만져지는 이야기를 전하고 있다. 하나 둘 폐간하는 잡지들을 보면서 어쩌면 잡지를 만드는 사람들도 우편배달부처럼 성격이 변하거나 사라질지도 모른다는 생각이 든다.

그동안 에디터 면접을 보면 하나같이 이런 말을 했다. "에디터로서 자기 목소리를 내고, 내 이야기를 자유롭게 쓰는 매체인 것 같아서요." 이 부분이 《어라운드》와 함께 하고 싶은 이유라고. 5년 전 처음 잡지를 만들 때부터 줄곧 들어온 그 말 속에는 '내 이야기를 하고 싶어요!'라는 강한 외침이 담겨있다. 정보 전달보다는 내 안의 생각, 만나고 싶었던 사람을 이야기하고 싶은 거다. 시간이 흐를수록 사람들은 글씨를 잘 쓰는 것보다는 글을 잘 쓰고 싶어 한다. 내가 생각하는 걸 어떻게 '잘' 전달할 수 있을지 고민하며 단어를 선택한다. 서점에 글과 말에 대한 책이 넘치는 걸 보면, 요즘의 우리는 '언어'의 시대에 살고 있음이 분명해진다. 어렵지 않게 말을 하고, 듣고 읽는 지금의 언어. 앞으로 또 변할지도 모르는 말들을 모아 기록했다. 글을 잘 쓰는 사람, 글을 고치는 사람, 말을 잘 하는 사람, 이미지로 말을 건네는 사람. 언어를 활용하는 '발화자'와 언어를 수용하는 '수용자', 두 갈래로 나누어 사람들을 만났다.

편집장 **김이경**

영상 **이와lwa**   에디터 **이현아**   장소 협조 **Lodge190**

기꺼이
함께 읽고 싶어요

소설가 **정세랑**

이야기를 지어내는 사람은 온 감각이 활자가 되어 눈앞에 나타나는 것은 아닐까. 자기만의 고요한 세계를 타인에게 전달하기까지 숱하게 많은 단어를 고르고 비교하고 무게를 쟀을 것이다. 여러 질문 끝에 그녀의 이름이 나왔다. 기꺼이 함께 있고 싶고, 기꺼이 함께 읽고 싶은 그녀는 정세랑이다.

에디터 **이자연** 촬영 에디터 **김혜원** 포토그래퍼 **Hae Ran** 장소 협조 **앤트러사이트 서교**

요즘에는 어떻게 지내고 계시나요?

《보건교사 안은영》의 영상화 대본을 쓰고 있어요. 평소에는 혼자 작업했는데 지금은 다양한 사람들과 공동 작업을 하는 거잖아요. 신기한 경험을 하고 있죠.

이번에 '한국일보문학상'을 받으셨어요. 예상하셨나요?

전혀 예상 못 했어요. 기사를 통해서 후보로 올랐다는 걸 알고 굉장히 기뻤는데, 운도 있던 것 같아요. 전혀 안 믿겼어요. 무척 감사하죠. 상을 받으면 자유로워지는 부분이 있어요. 제가 어떤 선택을 해도 상이 뒤에서 버텨주는 거죠. 한 예로 상을 받으면 한동안 악플이 사라져요(웃음). 오락을 위한 소설도 썼고, 주제 의식을 가진 소설도 썼죠. 저의 이런 갈 지之자 걸음을 '그래도 괜찮다.'고 말해주는 것 같았어요. '네가 무엇을 하든 우리는 너를 중요한 작가라고 생각한다.'라고 포용해주는 것이니까요.

작가님은 장르 소설로 데뷔했다고 하셨죠?

장르 소설을 무척 좋아해요. 판타지를 선호하죠. 특히 여자 괴물 판타지요. 이상한 능력이 있는 여자 주인공 이야기를 단편으로 쓰곤 했어요.

역사를 전공하셨는데, 장르 소설은 어떻게 시작하게 된 거예요?

생각해보면 고전문학은 전부 판타지예요. 제게는 자연스러운 흐름이었죠. 고전 소설이 굉장히 흥미로웠거든요. 무덤가에서 귀신이 나오고, 두꺼비가 인간이 되고요.

상상하는 일이 즐거웠나 봐요.

엉뚱한 애였죠. 저와 비슷한 1980년대 중반 이후 사람들은 다양한 장르물을 접하면서 컸어요. 촬영기술이 발전하면서 저희 때에 딱〈터미네이터〉,〈반지의 제왕〉,〈해리포터〉가 나왔거든요. TV 만화 전성기였고요. CG 기술의 발전을 경험하면서 자라는 세대였죠.

수상작 《피프티 피플》은 처음부터 기획된 연재였다고 들었어요.

맞아요. 그래서 연재에 맞춰 웹에서 가볍게 볼 수 있는 분량으로 맞춰 썼어요. 애초에 웹에서 사람들이 글을 읽을 가독성을 생각한 거죠. 웹 소설 쓰는 분들은 휴대폰 화면에 맞춰서 쓰거든요. 이런 노력이 필요한 것 같아요. 요즘 책을 읽는 사람이 별로 없고, 읽더라도 전자책을 선택하니까요. 그렇다 보니 화면을 꽉 채워서 긴 호흡으로 쓸 수는 없더라고요. 한번은 어떤 직장인 독자가 점심시간에 혼자 도시락을 먹으면서 한 편의 글을 읽으면, 점심시간을 충실하게 보낸 것 같은 기분이 든다는 말을 남겼는데 무척 좋았어요. 돌이켜보니 그게 제가 가장 원하던 것이더라고요. 점심시간에 샌드위치와 함께 글이 읽히는 거죠. 이렇게 말하는 게 조심스러운 건 어떤 소설은 그렇게 읽으면 안 되거든요. 소설에 따라 긴 시간 집중해서 읽어야 하

는 책도 있으니까요. 저는 '저의 문학'을 이야기하는데, 사람들이 일반적인 문학론으로 받아들이면 부담스럽더라고요. 전적으로 제 소설에 한정해서 말하는 거예요. 사람들은 한 시대에 하나의 경향만 받아들이려는 경우가 종종 있어요. 그걸 벗어나서 각자에게 맞는 작가를 찾고, 자기에게 적합한 독서 방식을 찾는 게 좋을 것 같아요. 노래와 춤처럼 유행을 타는 게 있더라도요.

《피프티 피플》은 51명의 짧은 에피소드가 옴니버스Omnibus식 구성으로 펼쳐지죠. 각 에피소드가 2~3장 정도의 짧은 분량이에요. 그래서 인지 책을 읽는 내내 왠지 라디오 사연을 듣는 기분이 들더라고요. 작가님이 이 모든 인물에 공감한 것은 아니라고 했는데, 조물주로서의 냉소일까요?

아무래도 더 애정이 있어서 쉽게 쓰이는 인물들이 있죠. 하지만 아닌 인물도 많으니까요. 그런 경우에는 조금 더 공을 들이죠. 싸매고 누워서 더 힘들게 쓰곤 하는데, 그렇게 어느새 친해지면 더 매력적으로 다가오는 경우가 있어요. 친해지기 힘들었던 인물들이요.

51명의 인물 중, 애착이 갔던 인물과 친해지기 힘들었던 인물은 누구예요?

'하계범' 같은 경우는, 시신을 처리하는 노인인데 제가 해보지 않은 일이고 나이대도 제가 살아보지 않은 나이고 남성이어서 쓰는 데 조금 힘들었어요. 그렇지만 잘 쓰고 싶은 인물이었어요. 다른 사람들은 일주일 쓸 때, 이 사람은 2주를 썼으니까요. 그러던 어느 날 이 사람이 굉장히 외출을 하고 싶겠구나, 하는 생각이 드는 거예요. 그 뒤로는 아주 잘 풀렸죠. 저는 쓰기 힘들었지만 독자들이 인상 깊어하는 인물이기도 해요. 그에 반해 조금 빨리 이야기를 풀어낼 수 있었던 경우는 '배윤나'예요. 제 주변에 시인 언니들이 많은데, 제가 시인들을 무척 좋아해요. 그중 배윤나의 모델은 장승리 시인이었죠. 이 사실을 말하지는 않았지만(웃음) 좋아하는 분이거든요. 그분의 맑은 이미지, 긴 머리, 그런 것들이 좋아요. 시인들은 너무 맑아서, 이 세상에 어울리지 않는 것 같아서 좋아요. 보호해주고 싶어지거든요. 그런 사랑을 담아 만든 인물인 거죠.

"결혼 전에 혼자 살 때요, 생일날 엄마한테 전화가 왔어요. 뭐가 되었든 팥으로 된 음식을 먹으라고요. 그래야 잡귀가 안 붙는다고 신신당부를 하시는 거예요. 근데 그날 일이 늦게 끝나서 사 먹을 수 있는 게 없었어요. 그래서 제가 뭘 먹었는지 아세요?"

"뭘 먹었니?"

"비비빅요." 이번엔 애선이 웃었다.

"사다 줄까, 비비빅?"

"네, 먹고 싶어요."

– 정세랑, 《피프티 피플》 '최애선' 편 중에서

"모두가 예민하게, 타인을 해치지 않고 섬세한 언어를 배워가면서
확대해 가면 좋을 것 같아요. 나쁜 말들이 탈락되어 가는 것을 보면서
얻는 기쁨이 있고, 그런 데에 일조를 하고 싶기도 해요."

'배윤나'의 비비빅 에피소드가 무척 좋았어요.
어머니는 제가 생일이 되면 꼭 팥을 먹으라고 하세요. 그때 파주의 출판사로 출퇴근하고 있을 때였어요. 퇴근하고 집에 오니 밤이 늦었는데 어디서 팥을 구하겠어요. 떡집도 죽집도 문을 다 닫고요. 그런데 엄마가 비비빅을 먹으라는 거예요.(웃음) 그 안에 통팥이 들어 있거든요. 팥을 먹지 않으면 귀신이 붙는다고 신신당부했어요. 그런 게 정말 소설적인 것 같아요.

일상의 작은 에피소드를 잘 기록하시나 봐요.
잘 쓰는 것도 중요하지만, 잘 포착하는 것도 중요하다고 생각해요. 친구가 정말 웃긴 농담을 할 때, 그냥 넘어가면 안 돼요. 웃을 것 다 웃고 꼭 적어놔야 해요.

《피프티 피플》이 대학병원을 중심으로 일어나는 일들이 많아서 그런지, 전문 용어나 그 분야의 은어 같은 게 세세하게 잘 나와요. 혼자의 힘으로 만든 이야기가 아닐 것 같아요.
그렇죠. 그런 소재를 쓰고 나면 실제 그 분야에 있는 주변 사람에게 보여줘요. 그 단어를 실제로 쓰는지 확인해야 하니까요. 그럼 첨삭을 해주는 거죠. 《보건교사 안은영》도 실제로 사립학교에서 일하는 친구에게 직접 최종 교정지를 보여주면서 이상한 게 없는지 물어보기도 했어요. 사립학교 전체적인 분위기가 잘 들어갔는지 보려고요.

소설을 읽으면 일면식 없는 사람들과 눈에 보이지 않는 연대감을 갖게 돼요. 현실과 소설의 '경계 없음'이 작용하는 것 같거든요. 현실에서 벌어지는 일이 소설에도 있고, 소설에서 벌어지는 일이 현실에도 일어나니까요.
장강명 소설가가 했던 말로 기억하는데, 소설가는 패턴을 보는 사람들이래요. 반복해서 일어나는 일들을 목격하는 거죠. 저의 경우는 드라이비트 화재 사건을 따라 읽고 있었어요. 몇 년 전부터 외벽 외장재에 불이 너무 크게 붙는 거예요. 또 일어날 거란 것도 알고 있었죠. 반복된 일이고 큰 사상자가 없었지만 나름대로 경고를 울리는 마음으로 썼는데 결국 또 비슷한 일이 벌어졌잖아요. 그런데 정말 무섭게도, 제가 어떤 내용을 쓰면 그런 일이 실제로 많이 벌어지는 것 같아요. 경주 지진이 발생하기 전에 제가 실제로 지진에 대한 내용을 썼거든요.

예언가처럼요?
예언가는 아니고, 개구리나 새처럼 감각이 예민한 게 아닌가….

에이 거짓말! 아무리 그래도 재난까지….
무의식적인 예민한 감각이지 않은가 싶어서요.(웃음)

《피프티 피플》은 사람들이 결국 저마다의 사정으로 연결되어 있어요. 실제로 사람들이 살아가는 사회가 그렇잖아요.
한국 사회는 두 다리면 정말 다 닿아 있어요. 여섯 다리 안 가요. 생각보다 개연성이 있을 지도 몰라요. 서로가 다 아는 작은 공동체인 것 같거든요. 인터넷의 발달로 점점 더 좁아지고 있죠. 모두가 이웃처럼 느끼잖아요. 가깝고 먼 거리에 대해서 말하고 싶었어요. 처음에는 저의 이야기로 시작하다가 무게 중심이 점점 친구들 이야기, 그 주변의 사람들, 그리고 모르는 사람들로 확장이 되어가는 게 좋아요. 유체이탈같이요.

소설 안에 작가님의 얼굴이 희미해져 가는 듯해요.
제 안에 제가 많아지는 느낌도 들어요. 쉰 명이 결국 저로 연결되는 건데, 할머니 같다가 아줌마 같다가 아저씨, 어린아이가 되니까요. 너무 많아지니까 제 안의 인물들이 여전히 남아있는 걸 느껴요. 복잡해지는 것 자체가 작가로서 나이 들어가는 일이겠죠.

옴니버스 형식의 매력은 퍼즐 맞추기처럼 앞에 나왔던 인물이 뒤에 등장하면서 새로운 의미를 연장시키는 거라고 봐요. 아까는 이해가 잘 안 갔던 행동이 그제야 이해가 되기도 하고요.
불행을 맞닥뜨렸을 때 반응이 다 다를 수밖에 없잖아요. 이런 반응, 저런 반응 다 보여주고 싶었어요. 제 두려움이 만들어낸 부분이기도 해요. 저는 광역고속버스가 늘 무서웠어요. 늦은 밤까지 탑승객을 문까지 채워서 달리니까요. 실제로 아는 분이 일산에서 서울로 서서 가던 중에 광역버스가 넘어져서 크게 다쳤거든요. 그런 것에 두려움이 있는 거예요. 기사님들이 오랫동안 운전하면서 피로 누적으로 졸음운전을 하게 되기도 하고요. 화물이나 운반의 노동 환경이 좀처럼 개선되지 않잖아요. 또 일어날 걸 뻔히 아는데 이게 바뀌지 않는 것을 보면 너무 무서워요. 일이 벌어지기 전에 바뀌지 않는다는 것이 말이에요.

이 많은 인물을 그리는 데 어려움도 따랐을 것 같아요. 모두 경험해본 게 아니잖아요.
공동체를 재현하고 싶은데 특정 계층, 특정 연령, 특정 성별만 쓸 수 없잖아요. 그래서 최대한 균일하게 분배해서 쓰려고 노력했죠. 저와 비슷한 나이가 대부분이더라도 최대한 균일하게 쓰려고 말이에요.

좀 전에 이야기를 나눈 '윤나'의 에피소드 중, 그녀가 강연을 다니는 대학교의 문창과 통폐합에 관한 이야기가 나와요.

아주 큰 문제예요. 예술가를 도려내려고 하는 거예요. 근데 사실 인문대, 예술대, 순수 과학, 또 제가 모르는 많은 분야들이 취업률이라는 이유로 사회에서 배제되고 있어요. 정원도 안 차고, 없애고, 실용적인 무언가로만 만들려는 거예요.

이 이야기를 소설가가 건드렸다는 게 의미가 있어 보였어요.

소설가는 정말 필요해요. 이야기를 쓰는 사람들이 공동체 안에서 활발하게 무언가를 만들어내는 것은 의미가 있죠. 이야기가 현실을 닮아가는 만큼 경고가 될 수 있으니까요. 작가는 수돗물 안의 소독약 같은 존재예요. 미술가나 음악가, 사진가 다른 영역의 모든 예술가가 방부제인 거죠. 김 속의 실리카겔처럼요. 없으면 사회는 부패해요. 먹는 것도 아니고 필요해 보이지도 않지만 사실 가장 필요한 부분이고, 부패를 막는 존재이죠. 그런데도 '그거 하지 마라.', '돈을 벌어라.', '돈이 바로 되는 걸 하라.'고 하면 이 사람들이 줄어들 때 그 사회는 더 이상 건강할 수 없어요. 장기적으로 보았을 때요.

상업적으로 성공한 인물이나 단체, 상품을 보면 항상 스토리텔링이 따라와요. 가장 효율적으로 써 온 도구는 스토리텔링이면서 이것을 업으로 삼는 것을 멸시하는 건 모순적인 것 같아요.

예술가는 취업률로 따져서는 안 돼요. 성공한 예술가는 회사에 속해 있지 않으니까요. 일괄적인 기준으로 예술가를 판단하고, 순위 매기기에 급급해지는 것은 결코 바람직하지 않은 것 같아요.

예대뿐만 아니라 모든 학과에 취업률을 성공의 기준으로 두는 것 자체가 문제인 것 같아요.

돌이켜 보면 대학생활 때 취업과 가장 거리가 멀었던 수업이 가장 재미있었어요. 지금의 저를 만든 것은 '라틴아메리카 문학사'나 '라틴어 강독' 수업 같은 것이거든요. 취업과 전혀 상관없잖아요. 쓸데없어요. '사마천司馬遷'의 글이 얼마나 유려하고 아름다운지 깨닫게 된 시간들이 저를 이룬 거죠. 그런데 이렇게 무용해 보이는 것으로 처음에 출판사에 합격했어요. 민음사에 시험을 보러 갔을 때 '시일야방성대곡'이 한문 그대로 나온 거죠. 음훈을 쓰고 해석하는 거였는데 무척 어려운 시험이었어요. 대학에서 제일 쓸데없다고 생각했던 것 덕분에 취업을 하게 된 거예요. 알 수 없어요. 그런데 이 알 수 없는 풍부한 경험은 대학 때가 아니면 하기 쉽지 않고, 인문과학적, 사회과학적, 자연과학적으로 사고하는 것을 중·고등학교에서

체득하기 어려운데, 지금 상황에서 대학이 대학 본연의 의무를 포기하는 것은 정말 위험한 거죠. 《보건교사 안은영》에서 크레인 사고가 등장한 것도 패턴이 있는 일이었어요. 소설가가 그걸 경고하면 사람들이 그런 일이 일어날 가능성을 감지할 수 있는 거죠. 현실적인 대안을 마련하기 위해서 중요한 자리에 있는 사람이 필요하더라도, 소설을 통해 사람들이 훈련을 할 수 있는 거니까요. '이런 일들이 반복되고 있다.' 라는 사실을 인지하는 것만으로도 의미가 있어요. 오락 소설을 쓰다가 이제 어깨가 무거워졌어요. 제가 하는 일이 생각보다 중요한 것 같더라고요. 깨달음이 있었죠.

남학생은 조금 더 큰 소리로 말했다.
"우린 이미 졌어요." 그제야 사람들이 들었다.
"그렇게 생각되겠지만 그렇게 말하지 말자."
– 정세랑, 《피프티 피플》 '배윤나' 편 중에서

우리 모두 사실은 이 지점을 알고 있고 마음속으로 동의하지 않을까, 생각이 들었어요.

그 이야기를 썼을 때가 2015년이었어요. 그때는 정말 절망적이었죠. 세월호 문제는 해결 안 될 것 같고, 탄핵도 되지 않았고요. 하지만 조금씩 회복되고 개선되는 일들이 있기 때문에 희망을 갖게 되지 않을까요. 사회적 합의를 이루는 속도가 우리나라는 빠른 편이니까, 근본에 대한 관심이 언젠가는 돌아올 거라고 생각해요. 신자유주의도 영원할 거라고 믿었지만 이제 사람들이 회의감을 갖고 있잖아요. 경제학 석·박사들이 이 방식으로는 분배가 어렵고 빈부격차가 더 난다고 하고요. 전체적인 만족도도 떨어지고 있죠. 어떤 고민이 영원히 갈 것처럼 보여도 10년주기로 바뀌고 있어요. 그러니 지금 통폐합되고 외면하던 학과들은 결국 다시 돌아올 거라고 생각해요. 강연을 하러 가면 제가 다음 세대를 만날 자리가 마련되는 거거든요. 그곳에서 만난 젊은 독자들을 보면 무척 똑똑해요. 자기 표현 능력도 훌륭하고요. 그래서 그들을 보면 희망을 느껴요. '내가 저 나이대에 저런 깊은 생각을 했던가?' 자문도 해보고요. 세계관과 자기 사고가 발달해 있는 것이 보이거든요. 조금씩 나아지리라 믿어요.

그러고 보니 51명의 인물이 모두 자신의 이름을 갖고 있어요.

'그는', '그녀는'이라는 표현이 별로 좋은 화법이 아니라는 이야기를 들었던 적이 있어요. '그는', '그녀는'을 피하기 위해서는 이름을 쓰는 게 건강할 것 같더라고요. 조금 더 성실하게 인물들의 이름을 부르기 위해서 노력했죠. 있을 법한 이름이지만 너무 흔한 것은 아닌 이름을 찾으려고 했어요.

작가님이 자신의 언어로 이야기를 전달하는 만큼 여성으로서의 언어를 풀어내는 것이라는 생각도 들어요.

제가 소설 안에서 혐오를 마주하는 방식은 일대일의 성비를 맞추어서, 부드러운 세계 안에서 혐오를 거부하는 방식인데 더 직접적인 방식들도 있었어요. 조남주 작가가 우리 사회에서 해낸 일을 생각해보세요. 통계를 기반한 멋진 소설이 불러낸 결과들이요. 덕분에 다른 작가들이 더 용기를 내서 글을 쓸 수 있게 되었고요. 그만큼 타격도 많이 받고 있으니, 옆과 뒤에 내가 함께 서 있어야겠다는 생각이 들었어요.

타격이요?

이야기에 대해 심각한 악플이 달려요. 읽어볼 생각도 안 하고 무작정 악플을 달거나, 이벤트 장에 나타나서 화를 내는 사람들이 있죠. 작가들이 혐오에 노출되어 있어요. 사실 저는 개인주택에 살고 싶었어요. 마당에서 동물도 키우고 정원도 가꾸면서요. 그런데 남편이 반대하는 거예요. 이름 걸고 일하는 여자는 폭력에 노출되어 있는데 아파트가 낫지 않겠냐고요. 이상한 사람이 저에게 해코지 할 가능성이 있는 거죠. 경비원이 있고, 앞에 문이 몇 개라도 더 있는 게 낫지 않겠냐는 남편의 설득으로 결국 아파트에서 살고 있어요.

예전에 '30대 여성 롤모델이 없다.'라는 글을 본 적이 있어요. 결혼하지 않은 30대 여성의 행복한 모습을 미디어에서 조명하지 않고, '미혼'에서 결함을 계속 찾으면서 결혼을 하도록 부추긴다는 요지였죠.

불안도 몫을 했죠. 제가 어렸을 적에 불안정한 집에서 살았어요. 모르는 사람이 현관까지 따라오고, 위험이 많이 따르는 거예요. 대학생 때부터 모르는 사람들이 현관을 두드리는 게 노이로제였죠. 옆집에서 기침하는데 놀라고, 집에 사람이 숨어있다는 생각이 들고요. 후추 스프레이를 들고 다닐 정도였어요. 남자친구가 있으니 좀 덜 무섭더라고요. 이건 나의 안전에 대한 거잖아요. 혼자 10년 사니까, 떠돌아다니는 일에 두려움이 커졌어요. 혼자 벌어서는 안전한 곳에 가기 어렵다는 걸 알고 있지만, 둘이라면 더 많은 빚을 쉽게 질 수 있으니까요(웃음). 저도 타협을 한 거죠. 아마 안전을 느끼고 돈을 많이 버는 여성들은 굳이 결혼을 하지 않을 거예요. 잡지 《W코리아》의 황선우 에디터와 김하나 작가가 같이 사는 모습을 보면서, 미래의 새로운 동거 형태를 발견하기도 했어요. 한 사람은 청소를 좋아하고, 한 사람은 요리를 좋아하는데 네 마리의 고양이들과 함께 생활을 꾸려 나간대요. 새로운 형태의 가족이 더 많이 생겨나고, 하나의 공동체가 만들어졌어요. 일괄적인 4인 가족에 대한 이미지 고착이 와해되는 거라고 볼 수 있을 것 같아요.

《보건교사 안은영》의 '은영'도 굉장히 주체적인 여성이죠.

독립적이고 사명의식이 뚜렷한 여자예요. 자신이 하는 일에 대해 진지하게 생각하고요. 은영은 무척 건강한 인물이에요. 항상 피곤해하지만 자신의 세계에 친절하고 다정하죠.

'안은영'이라는 이름은 또 다른 분에게서 차용하신 거라고 들었어요.

맞아요. 제가 다니던 출판사의 마케팅 인턴 분의 이름이었어요. 아직도 못 만났어요(웃음).

《보건교사 안은영》은 사립학교 내에서 보건 교사로 일하는 은영의 이야기예요. 아주 특별하고 엄청난 힘을 가져서 자신의 눈에만 보이는 것들을 퇴치하죠. 예측할 수 없는 판타지 이야기가 새로웠어요. 작가님도 '너무 행복

해서 영원히도 쓸 수 있을 것 같다.'고 하셨죠?

너무 재미있잖아요! 특수효과도 생각할 것 없이 자유롭게 쓸 수 있고요. 소설은 저비용으로 많은 것을 만들어내는 힘이 있어요.

소설가는 보통 혼자 글을 쓰는 사람인데, 이번 《보건교사 안은영》을 각색하면서 다른 작가들과 함께 글을 쓰게 되었다고 했죠. 타인이 자신의 언어를 빌려 다시 쓰는 건 어때요?

제가 참여해서 그런지 그리 다르게 각색되지는 않았지만, 보통 다른 작가가 각색하면 아예 다른 이야기가 된다고 하더라고요. 그래도 은영의 본질, 사명감, 다정함, 친절함 등을 잃지 않고 이어갈 수 있어 기뻐요. 만약 얄팍한 여성 히어로물이 되었으면 너무 슬펐을 것 같아요. 은영은 그런 인물이 아니니까요. 항상 지쳐 있지만 좋은 일을 하려는 인물이잖아요.

한편으로 작가님이 장르 소설을 썼기 때문에 가려진 부분이 있지는 않았을까, 생각이 들기도 했어요.

제가 주류가 될 것이다, 그런 생각은 전혀 없어요(웃음). 우리 세대는 어느 시점부터 장르 소설과 거리가 가까운 편이라고 생각해요. 평론가들이 이걸 배척하려고 하기보다는 낯설어하는 거죠. 보통 이런 경우를 '장르 뼈가 있다.'라고 표현하거든요. 예를 들어서 장르 뼈가 없는 사람은 읽지도, 쓰지도 못해요. 청소년기부터 특정 장르를 보면 자연스럽게 받아들이고 쓸 때도 어색하지 않죠. 그런데 이 유아청소년기에 이 문화를 접하지 못하고 후천적으로 받아들인 사람들은 그게 잘 안 돼요. 누적된 코드를 가지고 변용하는 게 장르잖아요. 기타 코드와 같아서 익숙하지 않으면 잘 안 읽히는 거죠. 그렇지만 젊은 평론가들이 등장하면서 다들 이 코드를 알고 있는 거죠. 어렵지 않게 읽는 시대가 곧 올 거예요. 이전 세대 평론가들이 일부러 박하게 평가했다기보다는 장르 뼈가 없어서 그런 것일 뿐이에요. 제가 후에 나이가 들면 영상과 미디어, 코딩에 강한 친구들은 또 그런 부분의 장점을 부각시킬 테고 저는 또 낯설어하겠죠. 세대 교체와 같은 변화가 생기는 게 흥미로워요. 유연한 할머니가 되는 게 제 꿈인데, 제겐 그런 뼈가 없겠죠.

사회적으로 말과 글의 중요성이 큰 만큼 언어를 부리는 사람들을 환영하면서도, 한편으로 예민한 사람으로 취급하기도 해요. 이 간극은 어떻게 줄어들 수 있을까요?

모든 사람이 정교하게 이야기하는 것은 어려울 것 같아요. 역사적으로 그랬던 적이 한번도 없고요. 하지만 모두가 예민하게, 타인을 해치지 않고 배워가면서 확대해가면 좋을 것 같아요. 어떤 단어는 탈락되어요. 나쁜 말들이 탈락되어 가는 것을 보면서 얻는 기쁨이 있고, 그런 데에 일조를 하고 싶기도 해요. 예를 들어서 제가 중국 음식을 무척 좋아하는데, 아무리 좋은 사람이더라도 "짱깨 시켜 먹자."라고 하면 너무 불편하죠. 일일이 지적하기는 힘들고 그것 때문에 그 사람을 안 보거나 하지는 않지만, 이 단어가 도태되고 사라질 때를 기다리는 거죠.

작가님 소설에는 다양한 재앙과 무수한 사고가 등장해요. 작가님께서 "어떻게든 혐오를 마주할 수 있는 힘이 필요하다."고 말씀하신 것도 기억이 나요. 시선의 문제라는 생각이 드는데, 하나의 사건을 어떻게 해석하고 받아들여야 할까요?

저는 기본적으로 책을 읽는 것만으로도 시선의 문제가 나아질 거라고 믿어요. '조지 R. R. 마틴' 작가의 《왕좌의 게임》에서 '트리온'을 통해 "책을 읽는 사람은 한 번을 살아도 천 번을 사는 것과 같다."고 했어요. 다른 사람의 삶을 간접적으로 살아보게 되는 거죠. 이 말이 너무 좋아서 '타투를 할까?'

생각도 했죠(웃음). 작업을 하면 결과물이 빨리 나오는 게 아니잖아요. 소설 한 편 쓰는 데 3년이 걸리기도 하고요. 그런데 저 말을 떠올리니, '잘 살고 있구나.' 싶은 거예요. 인생이 언제 끝날지 모르겠지만, 여러 겹의 인생을 살고 있다는 생각이 들죠.

무거운 이야기를 다루어도 작가님만의 따뜻하고 경쾌한 목소리가 있어요
중요한 이야기일수록 달콤하고 소화되기 쉽게 전달하는 것도 필요한 것 같아요. 물론 이건 저의 문학에 관한 거고요. 어렵게 이야기해야 한다면 어렵게 해야겠죠. 주변에서 제 소설을 보고 사회적인 지점을 이야기에 숨겨 쓴다고 하더라고요. 그런 역할의 작가도 필요하니까요. 어렵지 않고 난해하지 않게 공동체에 대해 이야기를 해야 하는 거요. 이런 작가, 저런 작가가 있겠지만 저는 그런 작가인 것 같아요.

관심이 우선되어야 하니까요.
저를 통해서 더 난해하고 어려운 글들로 뻗어나가면 최선이겠죠? 더 노골적인 글도 좋고요. 강렬한 어떤 것으로 나아가는 거예요.

은영은 신체검사 날, 여학생들의 가슴 둘레를 재면서 진짜 유정을 딱 한 번 가까이서 보았다. 해 줄 수 있는 게 아무것도 없었지만, 인표에게서 얻은 그날 치 좋은 기운을 고스란히 전했다. 어떤 나이에는 정말 사랑과 보호가 필요한데 모두가 그걸 얻지는 못한다.
— 정세랑, 《보건교사 안은영》 중에서

작가님은 소설을 통해 어떻게 사랑과 보호를 전달하나요?
저는 친밀감과 관계에 대해 이야기하는 편이니까, 독자가 가상의 인물과도 친밀감을 느낄 수 있는 것 같아요. 이게 허구의 인물이라는 것을 알더라도 소설 속 인물을 사랑하면 뇌에서 실제와 똑같은 반응이 나온대요. 신기하죠? 모두가 현실에서 필요한 만큼의 사랑과 보호를 받으면서 지내지는 못하거든요. 작고 어린 아이들이 자꾸 죽잖아요. 학대받고, 집에서 탈출하고. 뉴스를 볼 때마다 속상해요. 너무 끔찍하면 뉴스를 보고 싶지 않잖아요. 하지만 끝까지 눈을 돌려서는 안 돼요. 소설 중에 "아무리 가족이어도 사랑하지 않아도 돼."라는 대사가 있는데, 그 대사를 보고 학대의 경험이 있던 사람들이 곱씹던 경우가 있었어요. 명확한 언어잖아요. 가족이어도 무조건

사랑하지 않아도 된다는 말이요. 그 말을 듣는 게 중요한 경험이었다고 하더라고요. '그 소설을 쓰길 잘했다, 그 대사를 쓰길 잘했다.'라는 생각이 들었죠. 다른 방식으로 친밀감을 경험한다면, 현실에서도 건강한 관계를 맺을 수 있지 않을까 싶어요. 책을 통해서 이런 게 가능하다고 믿고요. 《인형의 집》에서 '노라'와 남편의 관계를 보고 얼마나 많은 사람들이 해방되었나요? 안 좋은 관계에서 빠져나올 때, 책이 큰 도움이 되는 것 같아요.

판타지 소설에 대한 맥이 이어질 것 같다는 생각도 들어요. '은영' 같은 다양한 인물이 더 필요해요.
제 뒤에 재미있는 작가들이 더 많이 나왔으면 좋겠어요. 한 명이 뚫어놓으면 더 나아가기 좋으니까요. 《보건교사 안은영》이 있으니 더 이상한 주인공이 나와도 '이 정도야, 뭐!' 하고 받아들일 수 있잖아요. 저도 제 앞에 길을 뚫어놓은, 현대 여성의 목소리를 가진 작가들이 있었으니까요.

작가님의 책 추천이 궁금해요.
조세핀 테이Josephine Tey의 전집이 나왔어요. 아가사 크리스티Agatha Christie의 뒷세대 작가예요. 일찍 세상을 떠났는데 무덤에서 깨워서 더 써달라고 하고 싶을 정도예요. 감정적으로 몰입하게 되는 촘촘한 추리 소설이에요. 풍경 묘사 하나하나가 섬세하고요. 2~3년 전에 이 작가를 발견한 게 가장 큰 기쁨이었어요. 남성 작가 중에서는 마이클 코리타Michael Koryta요. 넥스트 스티븐 킹Steven King이라고 생각해요. 호러물을 정말 잘 써요.

같은 세대에 있는 작가를 만나 이야기를 나누는 게 큰 행운 같아요.
한동안 사람들이 한국 문학에 염증을 느끼던 시절이 있었죠. 그런데 다행히 젊은 작가를 발굴했어요. 저는 이게 일어날지 확신을 못 했거든요. 동세대가 그래서 중요한 것 같아요. 이 사람이 나의 언어로 말하는 것을 곁에서 지켜보니까요. 나와 같은 시대를 거친 작가를 좋아한다는 게 근사해요. 나와 같은 공동체에서 같은 고민을 하고, 비슷한 문제를 마주하고 있는 거잖아요.

저도 이제 생겼어요. 함께 나이 들어가고 싶은 작가요. 작가님 우리 같이 건강해요.
우리 건강해야 해요(웃음). 건강검진 잘 받아야 돼요. 다 같이 건강하게 할머니가 될 때까지 잘 삽시다.

피프티 피플
창비 | 396쪽

50개의 장으로 구성된 소설 속에서 병원 안팎의 개개인이 처한 상황과 사고와 고민이 펼쳐진다. 각자의 개별적인 사정을 안고, 모두가 동일한 연결고리를 갖고 있다. 평범한 사람들, 우리와 꼭 닮은 사람들의 이야기다.

보건교사 안은영
민음사 | 280쪽

보건교사 안은영은 결코 평범한 사람이 아니다. 마계의 기운을 느끼면 그것들을 자기만의 방식(비비탄 총과 무지개 칼)으로 퇴치한다. 적당히 무신경하지만 충분히 다정한 그녀를 보면 맑고 밝은 기운이 그대로 느껴진다.

우리의 생각보다 이미지는
훨씬 강하고, 따뜻하다

그림 읽어주는 사람

세계 어느 지역을 여행하든, 꼭 들르는 곳이 있다. 바로 '미술관'이다. 어릴 적부터 아무리 노력하거나 공부해도 다른 사람들에 비해 평균 이하의 외국어 습득 기능을 탑재한 나에게 그 나라의 미술관에 가는 일은 가장 안온한 일이다. 미술관에 가면 특별히 누군가와 대화하지 않아도 되고, 이미지들을 읽어내는 것만으로 소통하는 느낌을 받기 때문이다. 때로는 백 번의 설명보다 한 번의 이미지가 더 강렬하다는 '이미지의 힘'을 나는 믿는다. 그리고 그 이미지를 사람들에게 소개하고, 읽어주는 일을 내 삶의 큰 라이프 워크Life Work라고 생각한다.

글 **이소영**   에디터 **김건태**

시는 그림이 되고, 그림은 시가 되다
기욤 아폴리네르《캘리그램》

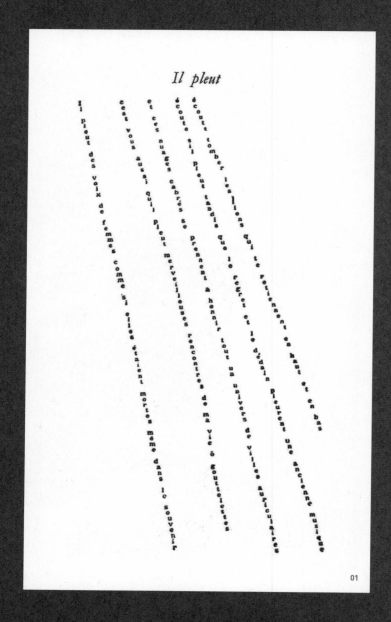

이미지가 소통과 표현의 굵은 다리가 되어준다는 말을 잘 나타내는 작품들이 있다. 프랑스의 초현실주의 시인 기욤 아폴리네르Guil-
laume Apollinaire의 《캘리그램Calligrammes》이다. 아폴리네르는 피카소와 같은 예술가와 친하게 교류하며 시가 회화와 같은 이미지
로도 그려질 수 있다고 생각했다. 그는 시, 회화, 음악의 세 가지 표현을 결합시켜 지금으로부터 100여 년 전인 1918년, '그림 같은
시'인 캘리그램을 창조했다. 시가 그림이 되고, 그림은 시가 될 수 있는 것이다. 아폴리네르의 이런 도전은 정형적인 글줄 위주의 형
태에서 자유시로의 이행을 시도하여, 글자들을 이미지화했다.

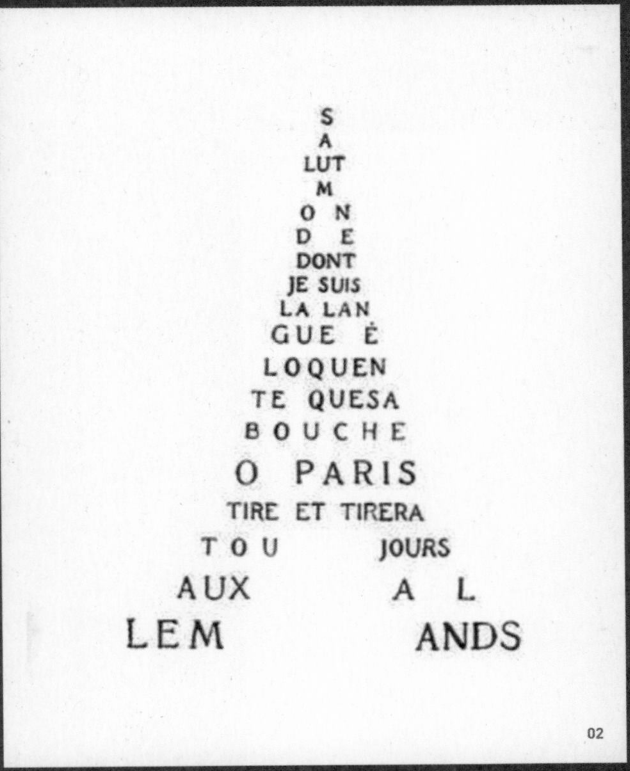
S
A
LUT
M
O N
D E
DONT
JE SUIS
LA LAN
GUE É
LOQUEN
TE QUESA
BOUCHE
O PARIS
TIRE ET TIRERA
TOU JOURS
AUX A L
LEM ANDS
02

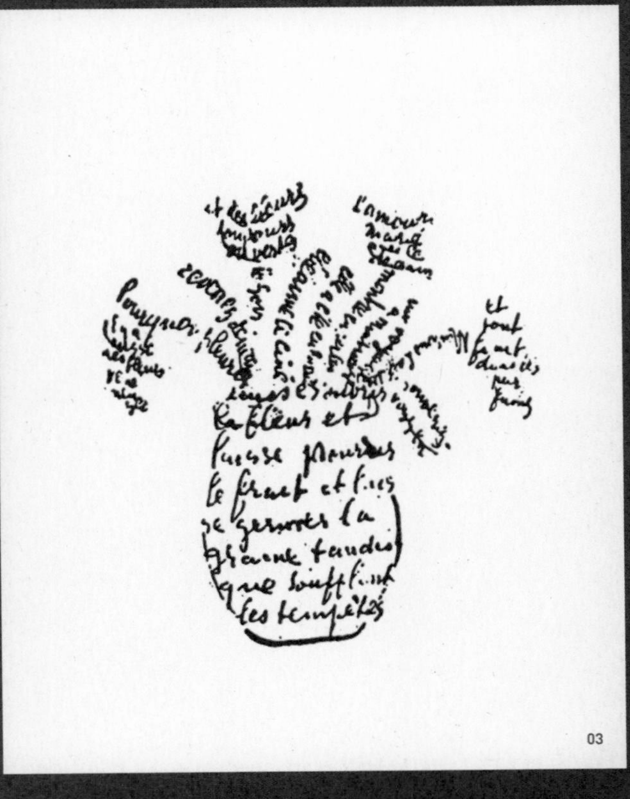
03

01 기욤 아폴리네르 | Il Pleut(It's Raining)

'글자 비'다. 후드득 후드득 쏟아지는 글자들이 빗방울이 되어 종이 위에서 흩어진다. 글자의 배열만으로도 쏟아지는 빗줄기가 이미지화될 수 있다. 이 시에서 아폴리네르는 비가 내리는 것이 자신의 삶에서 놀라운 만남이라고 말하며 빗방울 하나하나가 삶의 많은 순간과 인연임을 암시한다. 사선으로 흘러가는 글자들의 모습이 비가 내리는 장면을 더욱 상상하게 하면서 우리를 갑자기 비 내리는 날 어느 한적한 거리로 안내하고 있다.

02 기욤 아폴리네르 | 에펠탑

"나는 모든 것을 프랑스에 빚지고 있다. 프랑스를 위해 싸우는 것은 나의 최소의 봉사다." 기욤 아폴리네르가 남긴 말이다. 그는 이탈리아 로마 태생이지만 파리로 이주해 살았다. 늘 제2의 조국을 프랑스라고 생각한 그는 1916년 제2차 세계대전이 일어나자 프랑스 군인으로 자원하여 출전한 후 전장에서 부상을 입고, 삼십대 후반의 젊은 나이로 세상을 떠난다. 그가 그린 에펠탑이 더 소중해 보이는 이유는 이미지와 글자에 그의 마음이 담겨서가 아닐까? 시인이었지만 그 어떤 화가보다 시각적인 것들을 사랑했던 기욤 아폴리네르의 말은 이미지를 보고, 읽고, 표현하는 것이 그에게 어떤 의미였는지 와닿게 한다. "Et moi qussi je suis peintre(나 역시 화가이다)."

03 기욤 아폴리네르 | 꽃병

여러 화가들이 그린
기욤 아폴리네르의 초상

04

예술가 친구들이 많았던 기욤 아폴리네르는 감사하게도 그 예술가들이 남긴 초상화가 많은 편이다. 같은 사람을 다른 화가들이 그렸
을 때의 다양한 작품을 감상하는 일은 같은 영화를 봐도 여러 사람의 후기가 다른 것과 비슷하다. 이미 세상을 떠난 기욤 아폴리네르
를 초상화로 만나면서 여러 예술가들의 눈에 비친 그는 어떤 사람이었을까 추측해보게 된다.

04 장 메챙체 | 기욤 아폴리네르의 초상화 습작

입체파(큐비즘) 화가이기도 했던 프랑스의 장 메챙제Jean Metzinger가 그린 기욤 아폴리네르는 그가 고민했던 큐비즘에 대한 표현 기법이 잘 나타난다. 화면을 분할해 다양한 각도를 하나의 평면에 담고자 했다. 카페에 앉아 파이프를 입에 물고 메모하는 아폴리네르의 모습을 표현했다.

05 모리스 드 블라맹크 | 기욤 아폴리네르의 초상

야수파 화가인 블라맹크Maurice de Vlaminck는 그의 담대한 화풍만큼 비교적 큰 터치로 과감하게 아폴리네르를 표현했다. 우리를 비스듬하게 바라보고 있는 시인의 눈빛에서, 왠지 모를 고독함이 느껴진다.

06 파블로 피카소 | 기욤 아폴리네르의 초상화 습작

아폴리네르를 그린 그림 중 가장 좋아하는 작품이다. 파블로 피카소Pablo Picasso의 드로잉이자 습작인데, 이 작품 속의 아폴리네르는 그 어떤 화가가 그린 초상화들보다 경쾌해 보인다. 양손 가득 책을 안고, 우산을 들고 강아지를 끌며 그는 오늘도 자신이 꿈꾸는 세계에 대해 논할 예술가들을 찾아 거리를 나서고 있다. 훗날 아폴리네르는 사망 후 그가 사랑했던 파리의 페르라셰즈 공동묘지에 안장되었고 그의 무덤 위에는 피카소가 구상한 기념비가 지금도 서 있다.

영원히 잊히지 않는 아폴리네르의 연인,
화가 마리 로랑생

07

샤넬의 초상화를 그리고, 서정적인 화풍으로 큰 사랑을 받고 있는 화가 마리 로랑생Marie Laurencin은 기욤 아폴리네르가 가장 사랑한 여인이었다. 5년간 뜨겁게 사랑했던 마리 로랑생과의 이별을 직감한 아폴리네르의 애절한 마음을 표현한 그의 시 〈미라보 다리〉는 사랑을 대표하는 유명한 작품이다. 미라보 다리 끝에는 아폴리네르 시구를 적은 기념비가 있다. 앙리 루소Henri Rousseau는 이 두 사람의 초상화를 그려주었다.

07 앙리 루소 | The Muse Inspiring the Poet(시인에게 영감을 주는 뮤즈)
서로가 서로에게 딱 붙어있는 아폴리네르와 로랑생의 모습이 영원할 것 같지만, 둘은 헤어지고 로랑생은 다른 남자와 결혼한다. 하지만 그녀는 아폴리네르의 시를 가슴에 안고 세상을 떠났다. 가장 슬픈 여인은 잊힌 여인이라고 말했던 마리 로랑생의 시가 떠오른다. 그녀의 염려와는 달리 아폴리네르에게 그녀는 영원히 잊을 수 없고 잊어서는 안 되는 여인이었을 것이다.

08 마리 로랑생 | 초대받은 예술가들
마리 로랑생이 1908년에 그린 작품이다. 꽃을 들고 있는 여인이 마리 로랑생이고 눈이 약간 부엉이 같은 제일 왼쪽 청년이 피카소다. 그리고 가운데 청년이 그녀의 연인인 시인 기욤 아폴리네르, 제일 오른쪽 여인이 피카소의 첫 애인이었던 올리비에다. 그림의 장소는 몽마르트르에 있던 피카소의 하숙집 '세탁선'이었다.

화가 같은 시인이 되고자 했던 아폴리네르, 그런 아폴리네르를 사랑했던 친구들이 그린 초상화, 연인이었던 마리 로랑생과 함께했던 시간… 꼬리에 꼬리를 물고 그들의 이야기를 좇아가다 보면 예술가들의 꿈과 작품, 사랑 이야기에 마음이 뜨거워지다가, 먹먹해지다가를 반복한다. 그리고 그 많은 것들이 시각적으로 남겨져 있었기에 주소를 찾을 수 있음에 안도한다. 이러한 이미지들이 없었다면 나는 더 깊어지고 더 넓어지고 더 뜨거워질 수 없었을 것이다.

기욤 아폴리네르 | **Bouquet Of Wild Flowers**

아트메신저Art Messenger라는 용어가 조금 생소해요. 어떤 의미인가요?
저는 미술을 소개하는 글을 쓰고 사람들에게 전달하는 일을 해요. 도슨트나 미술에세이스트도 좋지만 미술을 전달하는 사람이라는 의미를 담아 아트메신저라고 불러요. 제가 좋아하는 책《러브 앤 프리》에 '라이프 워크Life Work'라는 단어가 나오는데요, 인생 전체에서 함께하는 일을 뜻해요. 저 역시 인생 전체에 걸쳐 미술 이론을 공부하면서 미술을 창작하는 예술가가 되기보다는, 전달하는 일을 하고 싶었어요.

구체적으로 어떤 식으로 전달하나요?
강의가 될 수도 있고, 미술관에서 도슨트를 할 수도 있고, 홈페이지나 책을 통해 글로 전달할 수도 있겠죠. 일반인이나 어린이, 청소년, 실버 계층 등 다양한 연령을 대상으로 해요.

서울시립미술관의 도슨트 이력이 눈에 띄어요.
흔히 큐레이터와 많이 혼동하시는데요, 큐레이터는 전시를 기획하는 사람을 뜻하고 도슨트는 전시를 해설하는 사람을 말해요. 지난 8년간 서울시립미술관에서 도슨트 활동을 통해 사람들에게 전시 해설을 하고 있어요.

저 같은 경우는 시간이 맞지 않으면 굳이 도슨트를 찾지 않는 편이에요. 도슨트의 역할과 사람들의 반응이 궁금해요.
내공이 쌓이면 얼마든지 자유롭게 혼자서 관람해도 괜찮아요. 하지만 현대미술의 경우 많은 분들이 작가의 의도나 재료 등의 정보를 궁금해하세요. 이때 도슨트는 일종의 전시 사용설명서가 되는 거예요. 실제로 설명을 듣기 전보다 들은 후에 더 재미있고 다양한 방식으로 생각하게 됐다는 반응이 많아요. 어린이의 경우 눈높이에 맞춰 설명해주는 편인데, 의외로 질문도 많고 흥미로운 관점을 발견하게 되죠.

'소통하는 그림연구소 빅피쉬 아트'를 운영하고 계시죠. 어떤 곳인가요?
팀 버튼 감독의 영화 〈빅 피쉬〉를 좋아해서 붙인 이름이에요. 오전에는 어른들이 찾아와 그림을 그리거나 미술사 수업을 진행하는 장소로 활용하고, 오후에는 어린이들의 자유로운 창작 활동을 도와요. 저처럼 미술을 전공한 선생님이나 작가로 활동하는 선생님들이 많아, 작은 미술대학처럼 활동하고 있죠(웃음).

곳곳에 '좋은 사람이 되자'는 글이 인상 깊어요.
미술 활동을 통해 나에게 좋은 사람, 누군가에게 좋은 사람이 되자는 것이 저희의 목표예요. 행복해지기 위해 표현하고, 소통하고, 그 매개체나 방법이 곧 미술인 셈이죠. 단순히 그림을 잘 그리기 위한 장소에 머물지 않기 위해 늘 다양한 아이디어와 도전을 진행하려 해요.

그림을 잘 읽기 위해 어떤 공부가 필요할까요?
이 질문을 상당히 많이 받아요. 그림이 나온 시대와 화가에 대한 정보도 없이 그림을 잘 보기란 어려운 일이에요. 저는 그게 일종의 욕심이라고 생각하는데요. 음악을 들을 때 가사를 좀 더 이해하려 노력하고 가수가 누군지 살펴보는 것처럼, 그림 역시 화가가 어느 나라 사람인지 어느 시대 사람인지, 제목과 재료, 표현 방식을 찾아보면 그림과 좀 더 가까워질 수 있어요.

그리고 일단 많이, 자주 그림을 보면 비슷한 화풍이 눈에 들어오고, 어제 이해 안 가던 작품도 오늘은 이해가 되기도 하죠.

작가님의 그림 읽기는 어떤가요? 그림이 하나의 글로 나오기까지 어떤 과정을 거치나요?
저는 주로 제가 처한 환경이 어떤 그림의 상황과 비슷할 때 글을 쓰려 해요. 예술가들의 관계 속에서 실마리를 찾기도 하고요. 그날의 날씨, 제가 여행했던 장소에서 글이 시작되기도 하죠.

앞선 글에서 기욤 아폴리네르의 여러 초상화를 이야기하며, 하나의 그림을 두고도 사람마다 영화의 후기가 다르다는 것에 비유했어요. 개인적으로 피카소의 그림을 좋아하는 이유가 궁금해요.
흔히 피카소의 그림을 보면서 잘 그리지 못했다고 생각하는데요, 그의 초기 작품을 보면 렘브란트처럼 사실적으로 잘 표현한 작품도 많아요. 하지만 시간이 지날수록 점점 어린아이처럼 그리죠. 과거 화가들의 사실적 표현을 구태여 자신까지 되풀이해야 하는지 고민했을 거예요. 다르게 자신만의 심상을 표현하는 데 주력하죠. 저는 피카소만의 개성적인 표현으로 자신의 동료를 나름의 매력으로 담아낸 것이 좋았어요.

작가님의 글을 읽다 보면 '소통'이라는 단어가 자주 들어와요.
제 나름 그림 안에서 답을 얻거나 위로를 받기도 하고, 감상하는 과정에서 집중력과 몰입이 생겨나는 편이에요. 사람과의 소통도 좋지만 한 학문과 분야에 끊임없이 소통하는 과정 또한 사람을 생명력 있게 만드는 것 같아요.

언젠가 '작품의 뒷모습을 본다'는 말을 하셨죠. 어떤 의미인가요?
한 작품이 만들어지거나 그려진 후 마지막 결과만 보는 것이 아니라, 그 전 과정을 보거나 반대편을 보는 것이겠죠. 예를 들어 백남준 작가의 비디오아트를 앞에서 보는 것도 멋지지만, 뒤에서 보면 또 다른 감동이 오거든요. 작품을 완성하기 위해 수없이 많은 전선과 콘센트가 뒤섞여 있어요. 저는 그런 모습에서 밀도와 열정을 느껴요. 어떤 회화 작품의 경우는 캔버스의 앞과 뒤에 작품을 그리는 경우도 있고, 원래는 다른 그림이었는데 새 캔버스를 살 돈이 없어 그 위에 덧칠해 그린 작품도 있어요. 그런 걸 보는 게 재미있죠.

조금 유치하지만 가장 어려운 질문일 수도 있을 것 같은데요, 개인적으로 가장 좋아하는 작가와 작품은 무엇인가요?
상당히 많은데 오늘은 프랑스 화가 오딜롱 르동Odilon Redon을 이야기하고 싶네요. 르동의 파스텔화는 몽환적이고 아름다워요. 동화 같기도 하고요. 특히 꽃병 그림을 보면 '아, 이 사람은 작은 꽃병도 이렇게 황홀하게 바라봤구나.' 생각이 들 정도예요.

소통하는 그림연구소 빅피쉬 아트
H. sotongart.com

비로소 글씨를
완성시키는 디자인

Sandoll

언젠가 세계적인 서체 '헬베티카Helvetica'를 다룬 다큐멘터리를 보았다. 영상에서 보여주는 서체는 단순한 글자 모양 그 이상이었다. 서체는 우리가 보는 모든 글씨를 표현하는 디자인이다. 브랜드의 로고, 제품에 쓰인 제품설명서, 우스꽝스러운 광고 전단, 웹 상에서 보이는 모든 글, 지금의 이 기사까지도. 세상을 채우는 수많은 글자는 하나하나의 디자인으로 완성되는 것이다.

에디터 **정혜미** 포토그래퍼 **Hae Ran** 자료 제공 산돌커뮤니케이션

서체를 바라보는
새로운 눈

이 세상에 존재하는 서체는 거의 모든 것에 쓰이고 있다. 잡지 기사, 수많은 브랜드의 로고, 제품 겉면의 디자인, 옷을 디자인하는 프린팅, 옷 안에 달린 태그, 쇼핑백, 칫솔, 연필, 펜, 노트, 책, PPT, 심지어는 쓰레기통에까지. 알게 또는 모르게 우리 주변을 이루고 있는 것이 서체다. 그렇게 우리는 다양한 서체에 익숙해지고, 어떤 브랜드나 길을 가다 본 카페나 상점을 떠올릴 때도 자연스럽게 '서체'로 완성된 이름을 기억해내곤 한다. 우리가 당연하게 사용하고 읽고 쓰는 글자는 모두 누군가의 손길을 거쳐 탄생한 것이다. 어떤 이는 쓰임새를 생각했고, 다른 이는 글자의 모양을 결정했고, 누군가는 서체의 이름을 정했을 것이다. 매일 다양한 미디어 환경 속에서 살아가는 이들 중 컴퓨터 화면에 새겨지는 서체의 이름을 아는 사람이 얼마나 될까. 그것을 만들어낸 사람에 대해선 얼마나 알고 있을까.

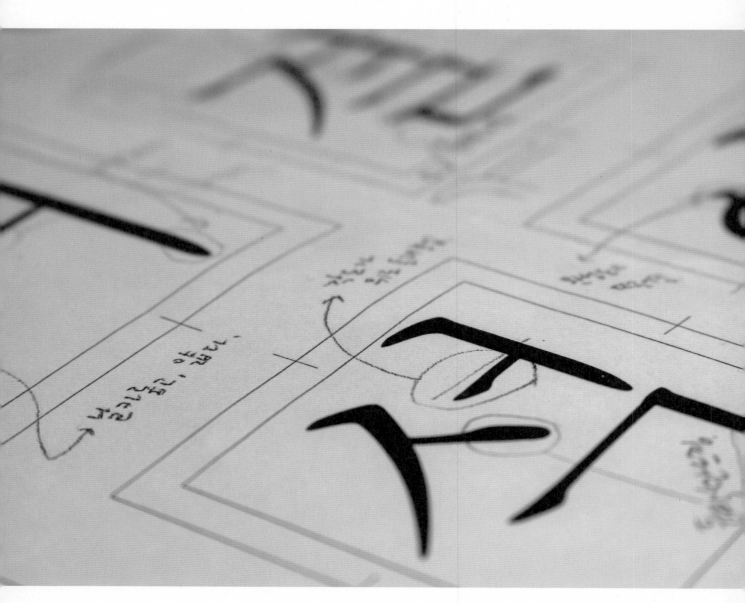

한글 폰트를
향한 의지

산돌커뮤니케이션은 한 사람에 의해 시작된다. 디자이너였던 석금호 의장은 1978년, 글로벌매거진 〈리더스다이제스트〉에 입사 후 1년 만에 아트디렉터가 됐다. 그리고 5년 뒤 회사를 나왔다. 일본 기술에 의존하고 있는 국내 출판 업계의 실정이 그의 마음에 열정을 일으킨 것이다.

"10년 넘게 일본에서 제조한 식자기, 식자판을 수입해 쓰고 있었고, 일본에서 제작한 기계를 수입하지 않고는 한글로 기계식 조판과 출판이 불가능한 상황이었습니다. 한글조차 일본에서 수입해 쓴다는 것에 큰 충격을 받았고, 저라도 이런 수치를 당하지 않도록 해야겠다는 의지가 생겼죠."

– 산돌커뮤니케이션 석금호 의장

퇴사 후 그는 작은 작업실을 마련해 '산돌타이포그라픽스'를 설립했다. 폰트 개발에 대해서 아무것도 모르는 상태였다. 당시 한글 활자판이나 식자기계를 만드는 일은 고도의 정밀기계산업의 생산 기반이 받쳐줘야 가능하다는 것도 나중에야 알게 되었다. 창업 후 그는 라면만 먹고 지낼 정도로 어려운 시기를 보냈다. 그는 폰트란 용어조차 없었을 때 글자 모양대로 일일이 점을 찍어가며 워드프로그램에 쓰일 스크린용, 레이저프린터용 비트맵 폰트를 크기 별로 여섯 벌을 개발했다. 그러던 중 다행히 창업 후 몇 년 만에 디지털산업이 발전했고 석금호 의장이 할 수 있는 일들이 점차 늘어났다. 그래서 지금의 '산돌커뮤니케이션'이 존재하게 되었다.

하나의 손과 여러 생각이 모여
손글씨체

"보통 손글씨를 서체로 만들 때, A4 용지와 다양한 펜을 드리고 계속 글씨를 써달라고 요구해요. 500~1,000자 정도를 쓰죠.
그럼 재질과 도구에 따라서 글자의 아이덴티티가 결정돼요. 이 글자는 거친 느낌이 어울리는지 또는 부드러운 선이 어울리는지
등이요. 그런 작업을 통해서 개인이 쓰는 손글씨의 규칙을 발견할 수 있거든요. 일반 서체는 한 글자만으로도 그래픽 작업을 통
해 전체를 완성할 수 있는데, 손글씨로 만드는 서체는 작업 방식이 다르죠. 서체는 어떤 규칙으로 만들어지는데, 손글씨 서체는
그래도 어느 정도의 다양성이 필요하죠. 그래서 손글씨체에서는 같은 'ㅅ'이어도 '생'과 '소'의 'ㅅ'이 달라요. 그렇게 여러 버전
으로 쓰인 자소를 모아두고 그중에 몇 가지를 추려요. 수십 개 정도를 추려서 그 안에서 규칙을 가지고 만들어나가는 거죠. 그렇
게 작가의 개성을 담아 쓴 손글씨를 원도原圖로 제작하여 서체가 완성돼요. 그런 과정에서 이 서체가 어떤 분위기와 어울리는지
찾는 거죠. 폰트를 만들고 한두 달 정도는 서체에 스토리를 만드는 것에 집중하는 것 같아요. 물론 디자이너들이 기획 단계부터
콘셉트를 정하고 만드는 내내 스토리를 생각하지만, 그 생각들을 정리하고 다듬는 과정이 필요해요. 시간을 투자해야 네이밍과
스토리를 전부 연결시킬 수 있는 것 같아요."

– 산돌커뮤니케이션 폰트디자인팀 송미언 **PD**

산돌이 만든
다양한 서체

산돌제비2

기존 명조체에 한국적인 곡선과 직선을 가미해 현대적인 스타일을 적용한 본문용 서체다. 기존의 명조체는 부리와 맺음, 돌기를 가진 둥근 형태를 글자로 썼을 때 매우 전통적인 느낌을 주었는데, 이러한 명조에 변화를 주고자 전통적인 명조체의 고유한 특징을 유지하면서 현대적인 스타일을 새롭게 보여줄 수 있는 요소를 찾는 데 주력했다. 각진 부리는 제비2를 설명하는 데 빼놓을 수 없는 요소다. 부드러운 명조의 구조를 가지고 있지만 획을 직선적이고 절도 있게 마무리하여 단단한 느낌을 준다. 각진 부리는 스타일적으로도 훌륭하지만 인쇄 출력 시 해상도가 낮아도 형태가 명확해 보여 다른 명조들과 견주어 도드라지는 개성을 갖고 있다.

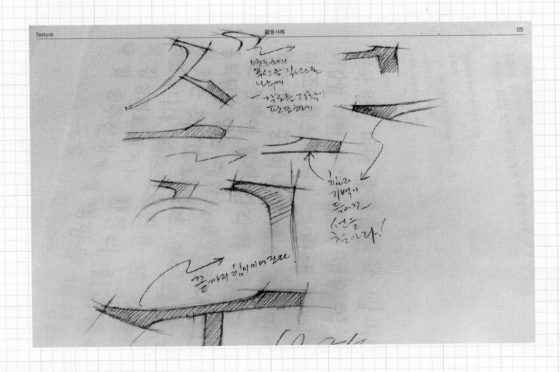

산돌고딕Neo1

탈네모가 아닌 네모틀의 한글 활자체이지만 초성, 중성, 종성의 자소들이 네모틀 내부에서 조금 더 자유로워진 형태를 갖추고 있
다. 모듈 내부의 검은 글자와 흰 공간이 가지런하게 안배되어 기존 산돌고딕의 고전적인 모습에서 현대적인 이미지를 담아냈다.
또한, 같은 크기에서도 더 선명하고 시원해 보이도록 내부 공간을 설계하였다.

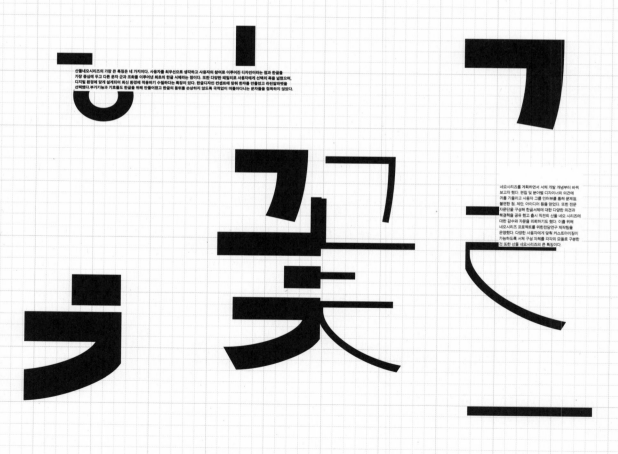

산돌네오시리즈의 가장 큰 특징은 네 가지이다. 사용자를 최우선으로 생각하고 사용자의 참여로 이루어진 디자인이라는 점과 한글을
가장 중심에 두고 다른 문자 균곽 조화를 이루어낸 최초의 한글 서체라는 점이다. 또한 다양한 퍼밀리로 사용자에게 선택의 폭을 넓혔으며,
디지털 환경에 맞게 설계되어 최신 환경에 적용하기 수월하다는 특징이 있다. 한글디자인 컨셉트에 맞게 한자를 만들었고 라틴알파벳을
선택했다. 부가기능과 기호들도 한글을 위해 만들어졌고 한글의 품위를 손상하지 않도록 국적없이 떠돌아다니는 문자들을 접목하지 않았다.

네오시리즈를 계획하면서 서체 개발 개념부터 바꿔
보고자 했다. 편집 및 분야별 디자이너의 의견에
귀를 기울이고 사용자 그룹 인터뷰를 통해 문제점,
불편한 점, 제안, 아이디어 등을 얻었다. 또한 전문
자문단을 구성해 한글서체에 대한 다양한 의견과
특징책을 공유 했고 출시 직전의 산돌 네오 시리즈에
대한 감수와 자문을 의뢰하기도 했다. 이를 위해
네오시리즈 프로젝트를 위한전담연구 제작팀을
운영했다. 다양한 사용자에게 맞춰 커스토마이징이
가능하도록 서체 구성 자체를 각각의 모듈로 구분한
것 또한 산돌 네오시리즈의 큰 특징이다.

공병각펜

공병각은 광고, 앨범, 단행본, 기업 컬래버레이션 작업 등 개성 강하고 감성 어린 손글씨를 선보이며 많은 사랑을 받고 있는 캘리그라퍼이자 아티스트다. 공병각펜은 그의 손글씨를 디지털화한 공병각 시리즈 중 가독성 표현이 탁월한 펜의 특징을 살리는 데 초점을 두고 제작된 폰트다. 공병각 시리즈 중 가장 명쾌한 느낌을 주며, 초성과 종성에서 보이는 개성 있는 스타일 표현을 더해 독특함을 느낄 수 있다. 공병각펜의 초성 'ㅅ, ㅈ, ㅊ'에서 보이는 직선으로 떨어지는 듯한 시원시원한 획 표현은 속도감, 젊음, 도회적 등의 키워드를 떠오르게 한다. 또한 독특한 종성 'ㅁ' 등의 자음 형태는 차별화된 감성을 표현할 수 있게 한다.

한나는열한살

대표적인 배달 앱 '배달의민족'을 개발한 '우아한 형제들'에서 진행하는 우아한 나눔 프로젝트 중 하나가 '배달의민족 한나는열한살' 글꼴이다. 무료로 배포된 서체로, 누구나 제약 없이 쓸 수 있다는 점 때문에 일반 사용자를 비롯해서 출판·방송·광고 업계에서 두루 사용하는 서체가 되었다. 1970~1980년대 간판의 복고적인 느낌을 현대적으로 재해석한 것이 이 글꼴의 특징이라 할 수 있다. 산돌커뮤니케이션이 함께 개발에 참여했는데, 우아한 형제들과 산돌커뮤니케이션의 협업으로 폰트의 완성도를 높였다.

산돌의 글자를
완성하는 사람들

송미언 PD

김진희 디자이너

제가 10년 넘게 폰트를 만들고 있는데요, 산돌에 처음 들어왔을 때 팬시 서체를 개발하고 있었어요. 그때 동기들이랑 다섯 명 정도 모여서 다양한 팬시 서체를 만들기 시작했죠. 그때가 가장 기억에 남아요. 시작을 어떻게 하느냐에 따라 서체 작업 방향이 좀 달라지거든요. 재작년에는 윤태호 작가님의 손글씨를 서체로 만드는 작업을 했어요. '미생'체를 만들었죠. 작가님의 손글씨를 그대로 담자는 것이 취지였어요. 그래서 작업실을 방문해서 손글씨를 엄청 써달라고 요청드렸죠. 작가님의 손글씨는 다른 작가 폰트들처럼 화려하지는 않지만 소박하면서 정성스럽게 또박또박 쓰여진 글씨체입니다. 윤태호 작가님과 미생체 모두 유명하지만, 그에 비해 글씨체가 평범해 보이는 거예요. 그래서 서체에 의미를 부여하는 것이 조금 힘들었어요. 작가님의 서체에 디자이너의 작업을 추가해 재해석하여 만들어야 하는지, 아니면 원도를 최대한 살리는 것이 맞는지 많이 고민했죠. 재해석했던 자료도 있는데, 의미가 없다는 결론이 나왔고 가장 작가님다운 모습이 담겨야 의미있는 서체가 된다는 판단으로 지금의 서체가 완성되었죠.

산돌에 들어온 지 1년 정도 되었는데, 아직 모든 폰트 작업이 재미있어요. 처음으로 기획부터 도맡아서 진행했던 작업이 있는데, '시대의 거울'이라는 폰트 시리즈예요. 총 네 가지 폰트가 있는데, 1960년대 시대상과 문화적 풍경을 현대적으로 재해석하여 만든 프로젝트였어요. 그 시대를 대표하는 사건들과 인물들을 서체로 표현하고 그 시대를 다시 환기시켜서 지금 시대에 알리고자 하는 기획으로 시작했어요. 폰트 연작이죠. '시대의 거울'은 민주화와 산업화, 두 분류로 나눠서 각 두 가지 폰트씩 개발을 했어요. '청류'는 4·19 혁명의 주인공들인 학생운동가들을 표현한 서체예요. 획이 날카롭게 뻗쳐 있고 힘이 있죠. 두 번째 '노도'는 앞서 학생운동가들과는 다르게 4·19 혁명에 참여는 했지만 알려지지 않은 성난 노동자들의 모습을 반영했죠. 묵묵하지만 독특한 반전이 돋보이죠. '로터리'는 국가 주도 산업화의 중심에 있었던 경부고속도로 건설을 배경으로 만들었어요. 마지막으로 '프레스'는 당시 신문과 잡지 등의 간행물이 쉴새 없이 생산되었는데, 그 문화 대량생산이라는 시대상을 반영했죠. '청류'가 나오기까지 한 10~11개월 정도 걸렸어요. 그 후부터는 비교적 빠르게 진행되었지만, 확실히 기획에 신경을 많이 쓴 프로젝트였어요.

박주성 디자이너

박부미 디자이너

디자이너마다 성향이 다 다르지만, 저는 작업을 할 때 스케치를 많이 하는 편이에요. 모눈종이 위에 본격적으로 한다기보다는 아이데이션을 위한 스케치를 많이 해요. 선을 긋는 데도 컴퓨터로 작업을 하면 굉장히 시간이 많이 걸리거든요. 그래서 손으로 직접 선을 만들고 디지털에 옮기는 식으로 작업해요. 산돌에 들어온 지 3년 정도 되는데, 원래 개인적으로 폰트를 개발해서 산돌에 제안을 하러 왔다가 마침 사람을 뽑고 있다고 하여 입사하게 됐어요. 회사가 한창 바쁠 시기에 들어와서 많은 작업에 투입됐던 것 같아요. 그중 '나눔스퀘어'는 입사 후 1년이 좀 지났을 때, 맡게 된 폰트였어요. 제가 하는 방법이 맞는 건지, 잘하고 있는 건지에 대해서 생각이 많았고 의구심도 들었던 프로젝트예요. 지금도 보면 찜찜함이나 아쉬운 점이 좀 남아 있어요. 작년에는 '스퀘어라운드'가 나왔는데 그때를 만회하기 위해 더 심혈을 기울였죠(웃음). 이 폰트는 네이버 기업 서체인데, 당시 네이버 홈페이지 상 카테고리의 폰트를 통일시키고자 만든 서체였어요. 현재는 이 폰트로 다 되어 있어요. 네이버는 비교적 디자인 디렉션이 확실했던 편이었어요. '나눔스퀘어'는 직선으로 이루어져 있지만 그 안에 곡선이 있어요. 어느 정도 직선부를 남길 것인지, 그래서 얼마나 직선적일 것인지 등 세세한 부분까지 함께 논의하면서 작업했어요. 앞으로 중성적이면서 다양하게 활용 가능한 폰트를 더 만들고 싶어요.

이 서체는 '산돌 국대떡볶이'예요. 국대떡볶이에서 브랜드 개편을 하면서 새로운 로고타입도 만들고, 전용 서체도 개발하고 싶다고 의뢰가 들어와서 제작하게 되었어요. 기존의 국대떡볶이 매장 등에 쓰였던 궁서체가 조금 딱딱한 분위기였다면, 새로운 폰트는 명랑하고 더 통통 튀는 느낌이죠. 처음 콘셉트를 잡을 때 가장 중요하게 생각했던 부분은 쫄깃쫄깃해 보이고 맛깔스러운 서체를 만들자는 것이었어요. 서체를 보았을 때 떡볶이나 오뎅의 맛이 느껴졌으면 했죠. 그래서 일부러 과하게 보이도록 디자인한 부분도 있어요. 볼륨감 있는 세리프Serif나 획과 획 사이가 이어지는 특징들이 그렇죠. 볼드 버전이 라이트 버전보다 더 과하고 두 버전의 포인트가 조금씩 달라요. 현재 이 서체는 무료로 배포되고 있어서 온·오프라인상에서 다양하게 쓰이고 있어요. 책이나 포스터, 심지어 다른 식당의 간판에서까지 쓰이고 있는데, 볼 때마다 뿌듯하기도 하고 아쉬움이 느껴지기도 해요. 보통 하나의 한글 서체를 만들 때, 2천 자에서 많게는 1만 자도 넘게 만들어요. 제한된 시간 동안 하나의 서체를 완성하려면 모든 글자에 만족하기는 어렵지만, 새로운 프로젝트를 할 때마다 더 만족스러운 품질의 서체를 만들어 나가는 것이 목표예요.

우리의 문장이
그렇게 이상한가요

교정자 **김정선**

한 권의 책이 나오기까지 꼭 필요한 사람이 있다. 대개 그 이름은 드러나지 않는데 단정한 문장에서 이들의 손길을 느낄 수 있다. 우리는 그들을 '교정자'라고 부른다. 김정선은 물 위로 올라온 교정자다. 20년 넘도록 잡지와 단행본의 문장을 다듬어왔다. 품사와 문장 교정에 관한 두 권의 책 《동사의 맛》과 《내 문장이 그렇게 이상한가요?》를 쓴 저자이기도 하다. 그리고 독서일기 책 《이모부의 서재》와 소설의 첫 문장 242개를 모은 《소설의 첫 문장》도 썼다. 교정자로, 쓰인 언어의 첫째 수용자로 만나 그와 교정자의 일에 관해, 국어와 글쓰기에 관해 전방위적 대화를 나눴다.

에디터 **김혜원** 포토그래퍼 **Hae Ran**

소설의 첫 문장: 다시 사는 삶을 위하여. 김정선 지음.

이모부의 서재

"저는 말과 글이 자연스러운 행위는 아니라고 생각해요.
굉장히 인위적이고 작위적이고, 질서가 부여된 세계죠."

교정자는 어떤 일을 하는 사람인가요? 어떤 이들에겐 조금 낯선 직업이 아닐까 싶어요.

교정·교열을 교정이라고 불러요. 원래 시작은 납으로 된 활자로 활판 인쇄를 하던 때 부르던 말이에요. 식자공들이 활자를 하나하나 심다 보면 활자가 거꾸로 들어갈 수도 있고 엉뚱한 게 들어갈 수도 있잖아요. 그걸 바로 세우거나 제대로 된 거로 바꿔 넣으라고 표시하는 게 교정이었어요. 그리고 활자를 한 줄로 늘어놓으면 문장이 되잖아요. 잘못된 문장을 바꾸려면 열의 순서를 바꿔야 하죠. 그걸 교열이라고 불렀고요. 이제는 그 두 가지를 뭉뚱그려 교정이라고 불러요. 사전적 의미는 그렇죠.

실제 하시는 일에 대해서도 설명해주세요.

출판사에 원고가 들어오면 그 원고를 파일 상태로 받아서 컴퓨터 화면에서 기본적인 맞춤법이나 띄어쓰기를 출판사 규정에 맞게끔 한번 쭉 봐요. 그리고 원고를 교정지에 얹으면 그걸로 1교, 2교, 3교, 이렇게 세 번 교정·교열을 보죠. 저는 외주 교정자기 때문에 편집자한테 일을 받아서 하고, 교정자지만 첫 독자이기도 해서 책에 대한 이야기를 편집자와 많이 나누죠.

주로 어떤 이야기가 오고 가나요?

제가 구성에 대한 의견을 내기도 하고, 직접 메일이나 전화는 못 하지만 교정지 상태에서 역자나 저자와 대화를 나눌 수도 있죠. 이 부분을 더 자세하게 설명해달라, 이 부분은 어렵다, 여기에 각주를 달아야 하지 않겠나, 이런 걸 표시해서 문의하면 편집자가 보고 확인을 한 다음 그 의견을 역자나 저자에게 보내요. 그리고 제가 교정 본 것에 대해서도 확인을 받아야 되는 거고요. 답변이 오면 편집자가 확인한 다음에 수정하는 분이 수정해 오면 그걸 가지고 제대로 수정됐는지 또 대조를 하죠. 그다음 깨끗한 재교지로 한 번 더 교정을 봐요. 그걸 세 번 하는 거예요.

저도 교정을 받는 입장인데, 그런 세세한 구성까지도 교정을 보는 줄은 몰랐어요.

작품에 따라 달라요. 가령 저는 국내 작가의 소설이나 시는 잘 안 보거든요. 그런 걸 잘 맡기지도 않죠. 맡기더라도 출판사 내부 규정에 따른 맞춤법이나 띄어쓰기를 봐주는 거예요. 국내 작가의 창작에 제가 손댈 이유는 없으니까요. 저는 번역 소설을 주로 작업하는데, 이전에는 인문교양서를 많이 맡았어요. 인문교양서 같은 경우에는 책의 체재도 중요해요. 사실 편집자가 '편編'하고 '집輯'하는 사람이잖아요. 편집자가 뭘 했는지는 책의 차례를 보면 알 수 있죠. 말하자면 차례가 편집자의 말인 거예요. '나는 나한테 들어온 원고를 이 순서대로 편하고 집한 거다.' 어쨌든 저는 편집자를 도와주는 역할이니까 "구성 순서를 바꿀 필요가 있지 않겠느냐" 이런 의견 개진만 하는 거죠. 물론 결정은 편집자가 내리고요.

20년 넘게 교정자로 일하셨어요. 이 일은 어떻게 시작하시게 된 건가요?

출판사를 다니다가 그만두고 쉬고 있을 때 아는 후배가 이 일을 소개해줬어요. 제가 책 만드는 일을 할 때도 교정·교열 보는 일은 제 성향과 안 맞는 일이라고 생각했는데, 아니나 다를까 처음 본 교정지를 출판사에 갖다주고 났더니 전화가 왔어요. 제가 준 교정지를 내부에서 두 번 봤는데 두 번 다 새빨갛게 수정이 나왔다고요. 그래서 죄송하다고, 돈은 안 주셔도 된다고 하고 끊었죠. 그때 '아, 이 일은 정말 나하고 안 맞나 보다.' 하고 안 하려고 했는데… 소개해준 후배가 출판사에 약간 과장을 해서 저 사람이 앞으로 소설 쓸 사람이라고 한 거예요. 그러니까 그쪽에서 다시 전화해서 세세한 교정은 내부에서 볼 테니 번역 투가 걸리는 문장을 조금 손봐줄 수 있겠느냐고 하더라고요. 그때 알았다고 한 게 지금까지 하게 됐죠.

그런데 지금 가장 유명한 교정자가 되셨어요.

책을 내고 나서 인터뷰를 할 때마다 자꾸 외주 교정자로서 이야기하게 되는 거예요. 제가 한번은 어떤 기자분한테 이렇게 말했어요. "제가 이 일을 하는 사람들의 대표선수도 아니고 여긴 프로페셔널한 사람들이 굉장히 많아요. 저는 오히려 문제의식을 갖고 일한 건 3~4년밖에 안 돼요. 그냥 돈벌이로 한 사람인데 이렇게 비치면 조금 그럴 것 같아요." 그러니까 그분이 "알고 있는데 외부 교정자로서 책을 쓴 분은 선생님이 유일하잖아요." 그러는 거예요. 듣고 보니 그것도 그런 거죠.

책에 교정자 이름이 실리는 경우도 드물잖아요.

이건 흔적을 남길 수 없는 일이에요. 흔적이 드러나도 안 되는 거고요. 가끔 책에 이름을 넣어준다고 하기도 하는데, 제가 하지 말라고 했어요. 왜냐하면 가끔 출판 쪽 시스템을 이해하지 못하는 분 중 교정·교열을 대필로 오해하는 분들이 있어요. 그리고 저는 원고가 책이 되어 나왔을 때, 책을 읽을 만한 보편적인 독자 입장에서 자꾸 의심해야 되잖아요. 저자나 역자가 확신의 편에 서 있는 사람이라면 우리는 직업적으로 의심을 해야 하는, 의심의 편에 설 수밖에 없는 사람이에요. 거기에서 오는 부담감도 조금 있고요. 그런 경우도 있었어요. 궁금증이 해결되지 않아서 제가 계속 물어보니까 저자분이 제 질문 위에 엑스 표를 긋고 '쓸데없는 의심'이라고 적어주셨어요. 제가 그걸 보고 막 웃었는데, 그분 말이 맞죠. 우리는 쓸데없는 의심을 계속해야 하는 사람들이에요.

교정을 볼 때 스스로 경계하는 행동은 없으신가요?

자만심을 갖게 되면 한도 끝도 없는 직업이에요. 내가 무슨 판관이나 된 것처럼, 마치 이상한 글을 정상적인 글로 바꿔준다고 착각하는 수도 있거든요. 《내 문장이 그렇게 이상한가요?》에 "이십 몇 년 동안 남의 글을 봤지만 한번도 이상하지 않은 글을 본 적이 없다."고 쓴 게, 정상적인 글이라는 게 있을 수 없으니까요. 다만 기왕이면 일관되고 규칙적으로 이상한 글이 되도록 유도하는 게 우리의 역할일 뿐인 거죠. 이상한 글을 정상적인 글로 바꾸는 게 아니라요. 이게 큰 차이가 없는 거 같지만, 어떤 입장을 취하느냐에 따라 나중에 몇 발짝 가면 굉장히 큰 차이가 될 수도 있어요.

일할 때의 철학이라고 해야 할까요? 교정자로서의 입장에 대해 조금 더 설명해주실 수 있나요?

제 일의 철학은 '내가 쓸데없는 일을 하고 있다.'고 생각하는 거예요. 예전에 한참 까불었을 때는 제가 정리되지 않은 글을 정리해서 독자가 잘 읽을 수 있게끔 하는 마지막 게이트 키퍼 역할을 한다고 생각했어요. 요즘에는 그런 생각조차 위험하다는 생각이 들어요. 교정·교열이라고 하더라도 되도록 원고의 원 표현을 건드리지 않고 독자가 읽는 데 큰 지장이 없게끔 해야 하는 게 아닌가 싶어요. 문장을 수정할 때 나도 모르게 내 문장의 색깔이 들어갈 수도 있잖아요. 저자나 역자가 컨펌을 해준다고 하더라도, 과연 괜찮을까? 그런 의심이 들기도 하죠. 이런 꿈을 꾼 적이 있어요. 서점에 갔는데 책들이 다 다른 한글 규칙에 따라서 쓰인 거예요. 꿈속에서 정말 기분이 좋았어요. 자기 멋대로 써도 상관없는 세상이잖아요. 규칙에 구애받지 않고, 누가 누구의 문장을 수정해주는 것도 없어요.

그건 교정자라는 직업이 없어지는 세상 아닌가요?

그렇죠. 그런 문제가 있긴 하지만, 그래도 저는 말과 글이 자연스러운 행위는 아니라고 생각해요. 굉장히 인위적이고 작위적이고, 질서가 부여된 세계죠. 예를 들어 방송에서 아나운서가 뉴스를 진행하는 소리는 우리가 커피를 마시고 설거지하고, 심지어 가족과 식사를 하면서도 들을 수 있어요. 어떤 지역에 사는 사람도 다 이해할 수 있고요. 그때 말이 참 자연스럽게 귀에 와서 쏙쏙 박힌다고 하는데, 그 자연스러운 말이라는 게 사실은 자연스러운 상태에서 자연스럽게 한 말은 아니잖아요. 고도의 훈련과 연습을 거쳐서 그 자리에 앉았고 긴장된 상태에서 말했을 거란 말이에요. 글도 마찬가지고요.

질서 안에서 자연스러워질 수 있는 거군요.

우리는 그 질서를 머릿속에 담고 거기에 맞춰서 작업하는 사람들이고요. 그런데 글을 쓴 입장에서 교정지를 보면 화가 날 수도 있어요. 글쓰기의 딜레마라는 게 그렇잖아요. 아무도 모르는 나만의 아픔이고 나만의 기쁨인데 그걸 표현하려면 모두에게 통용되는 언어로 표현해야 한다는 게 딜레마잖아요. 특히 처음 글 쓰는 분들이 그 딜레마를 잘 이해 못 하세요. "내가 처음에 쓴 글이 규칙에 잘 안 맞고 맞춤법도 안 맞지만 그래도 그게 내

마음을 진술하게 드러낸 건데 왜 거기에 손을 대느냐."고 하시죠. 그런데 만약 어떤 글을 읽으면서 진술하다고 느낀다면, 그것도 진술하게 읽히게끔 인위적인 질서를 부여한 거거든요.

잘 안 읽히는 문장은 질서가 덜 부여된 문장이라고 볼 수 있을까요?

잘 안 읽히면 질서를 제대로 부여하지 못한 거고요, 손을 제대로 보지 못한 거예요. 그렇다고 반대로 '이런 문장이 있네.' 밑줄 치게 되는 문장은 규칙 안에 정확하게 들어맞는 문장일까요? 꼭 그런 건 아니에요. 대부분 그 전에 보지 못했던 표현일 때 더 눈에 확 들어오잖아요. 그런 문장은 외려 규칙의 경계까지 밀어붙인 문장이죠. 보기 전에는 이런 게 가능하리라고 생각하지 못했던 표현일 거예요. 그런 글을, 표현을 사람들이 따라 쓰게 되면 규칙이 변하죠.

교정·교열이라는 게 경계가 참 모호한 일이네요. 쉽지 않을 것 같아요.

생각하기 나름이에요. 게으름 부리자면 한도 끝도 없어요. 일을 정확히 해보자고 해도 그렇고요. 저한테 원고를 주잖아요, 그럼 제가 기본적인 맞춤법만 봐서 갖다 줘도 문제는 없어요. "저는 기본적인 맞춤법만 봤고요, 이 저자나 역자가 원래 의도했던 것을 쓰기 위해서 오랜 고민 끝에 각각의 단어를 골랐을 텐데 저는 거기에 손대고 싶지 않습니다, 제가 책임질 수 없는 일을 할 수 없습니다."라고 한다면 할 말이 없어요. 똑같은 원고를 다른 사람한테 전달했는데 이 사람이 새빨갛게 수정해서 올 수도 있어요. 이 정도 원고를 맡기면 이 정도 일해야 된다는 매뉴얼이 있는 것도 아니고요.

배우면 할 수 있는 일은 맞죠(웃음)?

그렇죠. 요즘은 재교육 시스템이 전혀 없는 것도 아니니까요. 저희 때는 마땅히 교양서도 없었어요. 선배들한테 상처받으면서 배웠죠(웃음). 배우고 익히면 늘죠. 그런데 머릿속에 담아둔다고 해서 느는 건 아니고, 글도 써봐야 느는 것처럼 교정·교열도 부딪혀가며 진짜 경험을 해봐야 늘어요.

그동안 작업했던 글들을 다 기억하시나요?

기억이 잘 안 나요. 바쁠 때는 교정지가 한 번에 일곱 개씩 돌아갔어요. 마지막 교정을 보고 편집자에게 주고 나면 그 순간 바로 다른 교정지 작업을 해요. 동시에 하는 때도 있고요. 그렇다고 작업을 등한시한 건 아니에요. 그런데 어떨 때는 작업한 책이 나와서 그 책이 회자되고 사람들이 책에 대해 이런저런 얘기를 하면 '어, 그런 내용의 책이었나?' 할 때도 있었어요. 넘기면 싹 잊어버려요. 그리고 그게 교정자의 미덕이에요. 저자나 역자라고 생각해 보세요. 제가 수정을 했어요. 그럼 저 사람이 그걸 낱낱이 기억하길 바랄까요, 아니면 싹 잊길 바랄까요?

그렇다면 기억에 남는 책도 없으신가요?

기억에 남는 작품을 뽑으라고 그러면… 제가 2013년 가을에 안구건조증이 너무 심하게 왔어요. 안구건조증은 그보다 2년 반 전에 왔는데, 이게 유일한 생계 수단이니까 어쩔 수 없이 계속 일했죠. 그런데 그 무렵엔 교정지를 통 볼 수가 없더라고요. 한 1년 쉬어야겠다 생각했죠. 아예 '이 일이 여기서 끝나나 보다' 하는 생각으로 쉬었어요. 외주 교정자로 일하는 사람이 1년 쉰다고 하는데, 누구든 "그래 알았어요, 내가 일을 딱 맡아두고 있을게요." 이럴 이유가 없잖아요. 그런데 1년 뒤 이제 눈이 괜찮지 않을까 했을 때 지금 일하고 있는 문학과지성사의 담당자가 연락을 해줬어요. 그때부터 대산세계문학총서를 하고 있는데, 복귀해서 처음 맡은 작품이 페터 바이스의 《저항의 미학》이었어요.

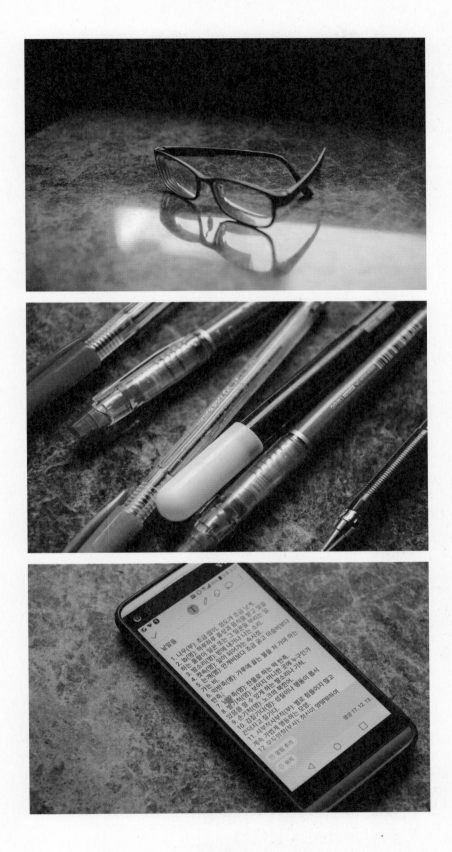

휴식을 가진 뒤 처음 작업하신 책이었군요.

《저항의 미학》은 되게 악명 높은 책이에요. 세 권짜리 소설책인데 권당 500~600페이지고 1인칭 서술자가 이야기를 쭉 끌고 가요. 제2차 세계 대전이 시작될 때부터 종결될 때까지의 사회주의 운동사나 마찬가지죠. 정치인, 문화인, 예술인, 별의별 사람들이 다 등장하고 주인공이 독일부터 프랑스, 스페인 내전에 참전했다가 북유럽도 돌아다녀요. 각 지명, 인명, 보통명사가 유럽의 전 언어로 나오죠. 원래 다른 외주 교정자한테 갔다가 저한테 온 일이에요. 그분이 한 권 화면 교정을 보고 나서는 못 하겠다고 했나 봐요. 실력이 안 돼서가 아니라, 그런 어마어마한 걸 받아놓으면 다른 일을 못 하잖아요. 보통 교정일은 작업한 책이 나와야 결제가 돼요. 그러니까 이 일만 일 년 내내 붙고 있으면 생활을 못 하는 거예요. 제가 막 돌아가서 맡은 게 이 일이었어요. 처음으로 권당 초교를 한 달씩 보고 그랬죠. 그리고 색인(책 속의 내용 중에서 중요한 단어나 항목, 인명 따위를 쉽게 찾아볼 수 있도록 일정한 순서에 따라 별도로 배열하여 놓은 목록) 작업을 해가면서 봤어요. 그러면서 돈이 되든 안 되든 이 방식으로 일을 해야겠구나 했죠.

그런 생각을 하신 이유가 있나요?

이런 책을 쓴 저자도 대단한 사람이지만 이 내용을 그 많은 시간과 돈과 품을 들여서 책으로 내기로 결정한 사람들도 대단하고 이걸 번역한 사람들도 정말 대단한 거예요. 세 분이 번역했어요. 번역한 분들도 정말 소명의식이 없으면 안 되는 것 같았어요. 저는 얼결에 참여했지만, 이 책을 둘러싸고 있는 사람들을 보면서 책을 낸다는 일이 참 나름 숭고한 일이 될 수도 있겠다고 생각했어요.

여러모로 전환점 같은 작품이네요.

당시 1년 쉬면서 《동사의 맛》을 썼는데 그때는 책이 나오기 전이었고 책을 더 쓸 생각도 전혀 없었어요. 왜냐하면 제목에 품사 이름이 들어갔잖아요. 책이 팔리면 얼마나 팔리겠느냐 싶었죠. 다시 일하겠다고 마음먹긴 했는데, 이 일을 계속해야 될지 아니면 다른 일을 해야 할지 굉장히 심란한 때였어요. 그런 원고가 아니었으면 일에 몰두하기 어려웠을 거예요. 몰두할 수밖에 없는 내용이었으니까요. 《저항의 미학》을 작업하고 나서, 그러면 앞으로 이렇게 색인 작업을 해가면서 대산세계문학총서 일만 하자고 생각했어요. 다른 여러 일을 하게 되면 또 눈이 안 좋아지고 이 일을 더는 못할 것 같았거든요. 욕심부리지 않고, 오래 일할 요량으로 결심한 거죠(웃음). 언제까지 하게 될진 모르겠지만요. 처음으로 얘기하는 건데, 페터 바이스의 《저항의 미학》 세 권이 제가 작업한 것 중 가장 인상에 남는 책이에요.

《저항의 미학》부터 색인 작업을 하셨다고 했는데, 그게 《내 문장이 그렇게 이상한가요?》를 쓰는 데 단초가 되었을까요?

그렇죠. 그 전 같으면 엄두를 못 냈을 거예요. 그리고 아까도 말씀드렸잖아요. 20년 넘게 일했어도 문제의식을 갖고 일한 지는 몇 년 안 됐다고요. 색인 작업을 하고 일을 해나가면서… 음, 아마 《동사의 맛》을 쓰고 난 뒤라 더 그랬는지도 모르겠어요. 문장을 더 들여다보게 되고 생각도 많아졌어요. 그러니까 수정해야 할 건 눈에 더 많이 보이는데, 역자의 문장도 이 사람에 소속된 문장이기 때문에 그 결을 어떻게 살릴 것인가 고민되는 거예요. 그러면서 '내가 반복적으로 고치는 것이 어떤 표현이었더라?', '이런 표현을 이런 쪽으로 고치는구나', '이런 예도 있었구나' 하는 것들이 머릿속에 떠올랐고 그걸 메모하기 시작했어요.

《동사의 맛》, 《내 문장이 그렇게 이상한가요?》, 《소설의 첫 문장》, 세 권의 책 모두 유유출판사에서 내셨어요.

《동사의 맛》이 나왔는데 예상보다 호응이 괜찮으니까 유유출판사 대표가 "그럼 이제 '명사의 맛'을 씁시다, '형용사의 맛'을 씁시다." 하고 자꾸 독촉하는 거예요. 면피하려고 이 얘기를 했어요. "메모를 하고 있는데 조금만 기다리세요, 이걸 혹시 책으로 쓸 수 있으면 쓰겠습니다." 그리고 안 쓸 생각이었죠(웃음). 그때부터 또 독촉이 시작된 거예요. 그러고 있는 와중에 '상상마당'에서 강의 의뢰가 왔어요. 내가 왜 그랬는지 모르겠는데, 하겠다고 했죠. 그런데 《동사의 맛》에 있는 내용으로 할 수는 없겠더라고요. 그래서 제가 제안하기를, 사실은 문장에 대해서 이런 고민을 조금 하고 있는데 이걸 정리해서 강의해도 되겠냐 물었더니, 괜찮대요. 강의하려고 초안을 짜다가 《내 문장이 그렇게 이상한가요?》의 틀이 나온 거예요.

"중요한 건 나를 표현하는 거예요. 어떤 기술적인 부분의 팁을 얻고 싶어 하고
기술적인 부분을 향상하는 일에 매몰되다 보면 중요한 걸 잊어버리는 때가 있어요."

강의명이 '내 문장 속 군살 빼기'였죠? 주로 어떤 분들이 강의를 들으러 오던가요?

그때 조금 의외였던 게, 저는 출판 쪽에 있는 분들이나 번역하는 분들이 많이 오실 줄 알았어요. 그래서 강의 구성도 그렇게 한 거고요. 그런데 일반 직장인분들이 더 많이 오시더라고요. 분자생물학 연구하는 연구원도 있었어요. 강의 첫날 자기 소개하는 시간에 그 연구원에게 이 강의를 왜 들으시냐고 물어봤어요. 그랬더니 미국에서 연구할 때는 이런 고민을 안 했는데 한국에 와서 동료 연구원한테 자기가 연구하는 내용에 대해 메일을 보내 설명하려고 하니까 잘 안 되더래요. 그때 자신이 한글 문장을 잘 못 쓴다는 걸 처음 알았다고 하더라고요. 논문 쓰는 것 때문에 왔다는 분도 계셨고요. 글을 내보라고 하면 참 다양했어요.

그걸 보면서 어떤 생각이 드셨는지 궁금해요.

사람들이 글쓰기에 스트레스를 많이 받는구나 싶었죠. 저 어렸을 때는 글을 잘 썼으면 좋겠다고 고민하는 사람이 별로 없었어요. 저도 그랬고요. 왜냐하면 그때는 반복적으로 글씨를 쓰던 시대였거든요. 바깥에 나가면 손글씨 학원이 많았어요. 글씨를 잘 써야 사회생활을 하는 데 득이 되고 개인적으로도 도움이 되는 시대였죠. 글씨를 잘 쓰면 학교에서도 칭찬을 받았으니까요. 메일 보내는 일이 있는 것도 아니고, 직장에서 쓰는 서류는 다 양식화되어 있었죠. 요즘은 글씨가 아니라 반복적으로 글을 써야만 하는 시대예요. 지금 일각에서는 우리나라 사람들이 책을 안 읽는다고 하죠. 하지만 책이라는 틀 안에 있는 문장을 읽어야만 글을 읽었다고 여기는 강박에서 벗어난다면, 제 생각에는 한글이 창제된 이래 사람들이 남이 쓴 한글 문장을 가장 많이 읽고 또 쓰는 시대가 아닌가 싶어요. 그런 시대를 통과하고 있기 때문에 어쩔 수 없이 그런 고민을 하는 거겠죠.

저는 그러지 말아야지 하면서도 당황스럽거나 놀라운 상황에서 "대박", "헐"이라는 감탄사를 자주 내뱉어요. 전에는 이런 상황에서 어떤 말을 했는지조차 기억나지 않고요. 이 표현들을 그만 쓰고 싶은데, 어떤 표현으로 교정할 수 있을까요?

그렇게 글 써서 오신 분은 아직 없었는데(웃음). 그런데 대부분의 분들이 지금 이렇게 쓰는 표현이 그 전에 있던 어떤 표현을 대신한 거라고 생각하세요. 그건 아니에요. 새로운 표현이 생긴 거죠. 생기면서 다른 표현들을 잡아먹어버린 거예요. 예를 들어 '너무'는 원래 부정적인 문장에서만 쓰는 거였는데 우리가 '너무'라는 부사를 너무 많이 쓰니까 국립국어원에서 인정을 해줬어요. 긍정적인 문장에서도 쓴다고요. '너무' 말고도 '정말', '매우', '몹시', '꽤', '퍽' 이런 말이 많았는데, 지금은 '너무', '너무나도' 말고 다른 표현을 쓰는 경우가 별로 없죠. 그리고 고치는 건 문맥에 맞게 고쳐야겠죠?

문장을 잘 쓰려면 뭘 어떻게 해야 할까요?

글쓰기라는 게 자연스러운 행동은 아니니까요. 훈련이 필요하고 연습이 필요한 거니까, 훈련하고 연습을 해야죠.

교정자님의 책을 읽으면서 연습하면 되나요?

그러면 안 되겠죠(웃음)? 어떤 분은 《내 문장이 그렇게 이상한가요?》를 연습 문제 풀듯이 읽었다고 하시는데, 저는 그런 건 별로 추천해드리고 싶지 않아요. 아까 말씀드린 것처럼 글쓰기가 굉장히 자연스러운 행동이라고 생각하는 게 사람들이 하는 첫째 착각이에요. 아마 이게 모국어라는 개념 때문에 환상이 생겨서 그럴 텐데요.

당연히 잘할 거라는 거요?

네. 대한민국에서 태어나서 자랐고 고등교육까지 받았으니 국어를 유창하게 구사하는 건 너무나 당연한 일이라고 생각해요. 그런데 나는 왜 이렇게 안 되나, 고민하는 거고요. 사실 그게 당연한 건 아니죠. 왜 당연하다고 여기느냐, 말 때문에 그래요. 우리가 말은 유창하게 하잖아요. 그런데 생각해보세요. 엄마 배 속에서 나와서 말하기까지 얼마나 많은 과정이 있었어요? 둘째로 착각하는 부분은, 글쓰기를 공간 작업이라고 여기는 거예요. 하얀 종이나 커서가 깜빡이는 모니터를 쳐다보고 있으니까 내가 이 여백을 채우는 게 글쓰기라고 생각하는 거죠.

맞아요. 글쓰기 시작하기 전엔 이 종이를 언제 어떻게 다 채우나 하는 생각만 들어요.

글쓰기는 음악하고 비슷해서 공간에 기반한 작업이라기보다는 시간에 기반한 작업이에요. 음악은 시간이 없으면 구현할 수가 없는 장르잖아요. 그래서 음악 부호에 8분음표, 16분음표, 이렇게 시간이 들어가는 거고요. 제가 책에 "문장은 누가 쓰든 왼쪽에서 오른쪽으로 위에서 아래로 순서에 따라 쓴다."고 했던 게, 내가 글을 쓰면 읽는 사람이 그 순서에 따라 읽기 때문이에요. 글의 호흡이라는 건 쓰는 사람의 호흡이 아니라 읽는 사람의 호흡을 말하는 거거든요. 글의 결도 읽는 사람이 시간에 따라서 그 이미지를 쌓아가면서 읽었을 때 느끼는 결을 말하는 거고요. 읽는 사람이 열 개의 문장을 읽고 문장이 긴박하게, 짧게 이어진다고 느꼈어요. 그런데 쓴 사람은 그 열 개의 문장을 고민하고 고민하며 하루에 한 문장씩 썼을 수도 있는 거죠. 읽는 사람의 시간을 내가 어떻게 운영하느냐가 중요한 거예요. 내가 만약 지금 글을 쓰려고 하는 소재에 대해 대한민국에서 가장 많이 섭렵한 사람이에요. 글에 모든 지식을 다 집어넣었어요. 그랬는데 독자가 글이 이상하다고 하고 이해가 안 된다고 해요. 글쓰기를 공간 작업이라고 착각했기 때문이에요. 글쓰기가 시간의 유기적인 작업이라고 생각하고, 쓰고 싶은 걸 다 집어넣을 게 아니라 뺄 건 빼고 강조할 건 강조하고 표현할 건 표현해야죠.

그럼 제가 한국인이지만 국어를 잘 못 할 수도 있다는 여유로운 마음을 갖고 시간의 리듬을 타게 하는 문장을 쓰는 훈련을 해야겠네요?

일기를 예로 들면 우리가 쓴 일기를 연말에 쭉 훑어보면 대충 그런 게 느껴져요. 상황 묘사보다는 심리 묘사가 많고, 심리 묘사를 하는 표현도 단어 일고여덟 개 정도를 카드 돌려막기 하듯이 반복해서 쓴다는 것을요. 그런데 과연 우리가 1년 동안 경험했던 심리가 그 일고여덟 개 정도의 단어밖에 안 될까요? 그렇진 않을 거예요. 섬세하고 또 다양한 느낌이나 감정을 경험했을 텐데, 우리가 그냥 규정하는 거예요. 이 감정은 일곱 개 중에 여기에 속한다고요. 귀찮으니까요. 그리고 그렇게 표현하게끔 숙달이 되어버렸으니까요. 되도록 심리 묘사와 상황 묘사를 섞어 쓰는 연습을 하는 게 좋아요. 그리고 길이를 정해서 쓰는 습관을 갖는 것도 나쁘지 않을 거예요. 내가 오늘 월차라 회사에 안 갔는데 폭풍우가 와서 밖에 나가지 못했어요. 그런데 정전까지 나서 아무것도 안 한 거예요. 그래도 한 장을 꽉 채워서 썼어요. 오늘은 사건사고가 많았고 만난 사람만 해도 열 명이 넘어요. 그래도 한 장을 쓰는 거고요. 그런 걸 계속 연습하다 보면 시간 개념이 생겨요. 내가 시간을 어떻게 운영해서 글을 써야 하는지 감각이 생기고요.

교정자님이 이 일을 하시는 동안 한글 표기에도 많은 변화가 있었을 것 같아요.

1970~1980년대와 1990년대, 2000년대에 맞춤법 내용에 다 변화가 있었어요. 그러니까 1988년을 기점으로 해요. 그때 지금 쓰고 있는 맞춤법 통일안이 가장 많이 변했고 외래어 표기법도 바뀌었거든요. 그리고 또 이 땅에서 사회, 정치, 경제, 문화에 관한 뉴스를 한글 표기로만 전달할 수 있다는 자신감하에 《한겨레신문》이 창간된 거 아니에요? 1989년도에는 이오덕 선생님의 《우리글 바로 쓰기》가 나와 베스트셀러가 됐고요.

《한겨레신문》이 나오기 전에는 한글이 신문에 어떻게 쓰였나요?

1970~1980년대에는 신문이나 책에 한자가 노출돼서 쓰였어요. 그러니까 '정치', '경제', '문화' 같은 말을 다 한자로 쓴 거예요. 그러다가 중간에는 한글과 한자를 병기했고요. 지금은 그냥 한글만 쓰잖아요. 요즘 누가 책을 낸다고 했을 때 '정치'를 쓰고 한자를 병기하면 편집자가 한자를 다 삭제할 거예요. 가독성이 떨어진다는 이유도 있지만 지금 트렌드에 안 맞는 거죠. 2010년을 전후로 해서 여러 유수의 출판사에서 세계문학전집을 내놓고 있어요. 시장의 논리로 보면 왜 똑같은 책을 동시다발적으로 내느냐고 얘기할 수도 있어요. 단군 이래 불황이 아니었던 때가 없다고 하면서 말이죠. 이건 시장의 논리로만 볼 게 아니에요. 지금 좌표상 최첨단 한글로 다시 쓰인 세계문학전집이 필요한 시기인 거죠. 저는 가장 민감하고 감수성이 예민한 사춘기 시기를 보낼 때 한 20년 전에 번역된 세계문학전집을 보았던 세대가 가장 불행한 세대가 아닐까 해요. 가장 행복한 세대는 지금 사춘기를 보내는 세대고요. 왜냐하면 지금 세대는 직접 표현하지 않아도 자기들의 감수성을 완전히 개화시켜줄 만한 표현들을, 그것도 최첨단 한글로 된 표현들을 볼 수 있잖아요.

'최첨단 한글'이라는 표현이 재미있어요.

저는 글 쓰는 데 도움이 되려면 요즘에 나온 세계문학전집을 다시 읽으시라고 권하는 편이에요. 번역자, 편집자, 그리고 저 같은 외주 교정자가 계속 확인하고 확인하고 또 수정해서 다듬은 한글 문장들인 데다가 외래어 표기법도 풍부하게 들어 있어요. 지금 한글로 쓴 문장 중에서 가장 최첨단 문장들이죠. 본인이 작가가 되려는 게 아니라면, 일반적인 글을 쓰는 데에는 오히려 세계문학전집이 도움이 될 거예요.

우리말에 "아 다르고 어 다르다"는 속담이 있잖아요. 이게 국어의 특성을 설명해주는 말인 것 같아요.

우리말과 글의 특성이 소리에 예민하다는 의미에요. 외국어와 달리 우리말은 의성어와 의태어가 발달했다고 하죠. 그런데 생각해 보면 우리말에 성조나 악센트가 있는 것은 아니잖아요. 그런 기반이나 물적 조건이 없는데도 왜 의성어와 의태어가 발달했을까요? 정말 '아' 다르고 '어' 달라서 그래요. 다른 언어와 비교해 모음이 많아요. 기본 모음이 열 개나 되고 복모음까지 넣으면 더 많아지고요. 이를테면 '버스'라고 쓰면 영어는 '버스'라고 발음하든 '뻐스'라고 발음하든 '부스'라고 발음하든 그 표기는 하난데, 우리는 이걸 '뻐스'라고 발음하는 순간 '버스' 말고 똑같은 뜻을 지니지만 다른 표기인 '뻐스'가 그대로 생겨서 통용이 돼버려요.

맞아요(웃음). 우리는 거의 모든 외국어를 우리말로 쓸 수 있잖아요.

'설레다'가 당할 수 없는 일이잖아요. 국어 동사는 영어처럼 문법적 요구에 따라 수동태로 만드는 게 아니니까 '설레이다'라고 쓸 수 없는데 자꾸 '설레이다'라고 '이'를 붙여요. '데다'도 '데이다'로 쓰고요. 문법적인 성찰 끝에 그렇게 하는 게 아니에요. 모음이 많으니까 모음을 안에 하나 더 넣으면 부드럽게 발음되고 듣는 사람에게도 부드럽게 들리겠다 싶어서 그렇게 쓰는 거예요. 그런데 그렇게 발음하더라도 표기는 '설레다'라고 하는 것 말고 다른 방법이 없으면 상관이 없는데 그게 아니니까요. 그러면 어느 지점까지 가면 어떤 건 표준어이고 어떤 건 아니라고 지정해주거나, 아니면 둘 다 표준어로 인정해줘야 해요. 국립국어원에서 발표하는 것들의 70~80퍼센트가 다 그거예요. 사람들은 그걸 보면서 "한글 맞춤법이 왜 이렇게 자주 바뀌느냐, 내가 저래서 관심을 안 둔다"고 하죠. 사실 한글과 국어의 가장 기본적인 특성 때문인 건데 말이에요. 계속 자잘하게 AS를 해줄 수밖에 없어요. 가령 음악으로 치면 고가의 음향 장비를 들여놓은 거나 마찬가지죠. 소리를 구현해내는 능력이 뛰어난 대신 AS를 많이 받아야 하는 거예요.

맞춤법에 대한 강박 같은 게 있었는데, 그렇게 생각하니 마음이 조금 편안해졌어요.

요즘은 포털 사이트에서 맞느냐, 틀리느냐, 맞춤법도 퀴즈처럼 하는 경우가 많잖아요. 한글에 관련된 지식도 엄연히 체계와 맥락 안에 들어 있는 건데, 그 체계와 맥락을 무시하고 따로 떼서 퀴즈로 만들어 다가가서는 깊은 접근이 어려워요. 한글과 국어의 특성이 이렇다는 걸 이해한 바탕에서 맞춤법과 관련된 교양서에 흥미를 갖고 처음부터 끝까지 그냥 쭉 읽어보세요. 최근에는 맞춤법과 관련된 교양서들도 많이 나왔어요. 그걸 읽고 한글과 국어가 이런 큰 틀에서 운영된다는 것만 알고 있어도 돼요. 맞고 틀리는 것에 일희일비할 필요가 없어요. 내가 모르는 게 있으면 찾아보면 되거든요. 큰 틀을 머릿속에 담고 있으면 세세한 항목이 재미있죠. 그리고 어떤 단어를 알고 모르느냐, 아니면 누가 쓴 어떤 문장을 얼마나 머릿속에 담고 있느냐, 필사를 얼마나 많이 했느냐로 글 쓰는 게 늘 것 같지는 않아요. 설사 기술적으로 는다 하더라도 그게 큰 의미가 있을 것 같지 않고요. 왜냐하면 제가 이제까지 말씀드린 건 전부 어떤 규칙에 대한 거예요. 아까 글쓰기의 딜레마를 말씀드렸지만, 중요한 건 나를 표현하는 거니까요. 어떤 기술적인 부분의 팁을 얻고 싶어 하고 기술적인 부분을 향상하는 일에 매몰되다 보면 중요한 걸 잊어버리는 때가 있어요.

제주어는 제주 바람을 닮았다

할망 전문 인터뷰 작가 정신지

제주도 사투리로 대화하는 걸 옆에서 듣고 있자면 정말 10분의 1도 알아들을 수가 없다. "도대체 무슨 말인지 하나도 모르겠다." 하며 고개를 절레절레 젓게 된다. '제주도 사투리' 라 하지 않고 '제주어'라고 칭하는 게 당연하다 싶지만, 내가 고개를 젓고 그 자리를 떠나더라도 여전히 제주어는 존재한다. 제주 섬사람들은 육지 사람들이 알아듣기 어려운 제주어로 의사소통을 한다. 그리고 나는 제주어가 있다는 건 잊어버리고, 바다와 한라산, 새로 생긴 카페, 맛집 등에 대한 이야기만 하며, 제주도에 산다. 신지 씨를 만나기 전까지는 그랬다.

글 정다운 사진 정신지

놈삐 하르방
어데로 감수광

몇 년 전 '제주어 일일 수업'을 들었던 적이 있다. 시간이 꽤 지나서 자세한 건 잘 생각나지 않지만 여름이었고, 오래된 시골집을 개조한 작은 공간에 여럿이 모여 앉아 수박을 깨 먹으며 제주어를 배웠던 기억이 있다. 선생님의 지휘하에 '산 할아버지'를 제주어로 바꾸어 "놈삐 하르방 어데로 감수광" 하며 우렁차게 동요를 부르기도 했다.

몇 년 만에 '놈삐 하르방'을 흥얼거리자 수업 중에 일어났던 일이 떠오른다. 옆집 할머니가 젊은이들이 모여서 대체 뭘 하고 있나 궁금해, 불쑥 문을 열고 들어오신 것. 돌발 상황이었지만 그 순간 선생님은 당황하지 않고, '네이티브 제주어 스피커'인 할머니를 수업 가운데로 모셨고, 우리는 조금 전에 배운 게 맞는지 함께 확인했다. 다 같이 웃으며 제주어를 처음 배우던 그날, 나는 제주도와 한걸음 더 친해진 것 같아 조금 설렜다.

몇 년이 지난 지금의 나는 여전히 제주어가 재밌다며 깔깔거리던 그날에 멈추어 있다. 제주어 선생님이었던 정신지 씨는 그 사이 수많은 제주 '할망과 하르방'을 만나고, 그들이 제주어로 해준 이야기를 신문, 라디오, 텔레비전 등의 매체를 통해 옮기고 있다. 사람들이 크게 관심을 갖지 않는 언어, 대부분은 별로 궁금해하지도 않는 할망들의 이야기를 꾸준히 듣고 기록하는 신지 씨를 만나러 가는 길, 오랜만에 설레는 마음이 들었다. '제주어'라는 도구를 갈고 닦아 몸에 지닌 채 제주 돌담 사이를 지치지 않고 걸으며 할망들을 만나는 동안, 추임새 하나도 놓치지 않으려 귀를 기울이는 시간 동안, 그에게 그리고 할망들에게 어떤 일들이 있었을까.

3년이 지났어요. 제주어가 더 늘었겠어요.

그때 무슨 배짱으로 제주어 수업을 했나 모르겠어요(웃음). 처음으로 제주어를 가르친 날이었거든요. 그래도 재밌었죠? 그날의 좋은 기운 덕분에 그 후로도 그런 자리를 계속 만들 수 있었어요.

원래 제주에서 태어났어요?

아니요. 여섯 살에 가족과 함께 제주도로 이사를 왔어요. 친구들이랑 어울리기 위해서 제주어를 따라 쓰기 시작했죠. 어린 시절에는 다 같이 제주어를 쓰며 놀았어요. 그러다 초등학교 고학년이 되면서부터 아이들이 점점 제주어를 사용하지 않더라고요. 머리가 굵어지면서부터 제주 아이들은 섬을 떠나고 싶어 하거든요. 표준어를 쓰려고 애쓰죠. 그러면서 저도 자연스럽게 제주어랑 멀어졌어요. 그렇게 학창 시절을 보내다가 열아홉 살에 제주도를 떠났어요. 일본, 인도네시아, 미국 등을 떠돌다 삼십대 초반에 다시 제주도로 돌아왔어요.

4개 국어를 한다고요.

일본어와 인도네시아어, 영어를 할 줄 알아요. 거기에 제주어를 더한다면 5개 국어인 셈이죠. 일본에서 지역연구학을 공부했어요. 지역에 대한 오만 가지를 연구하는 사람들 사이에서 언어는 언제나 기본이 되는 키워드였어요. 언어에 대해 관심을 계속 가질 수밖에 없는 환경이었죠. 방언과 소수 언어, 사라져가는 언어에 대해서도 접하기가 쉬운 편이었어요.

저는 언어를 배우는 데 서툰 편이에요. 그래서 외국어 잘하는 사람들을 보면 부러워요.

일본에서 살 때, 일본말로 백 퍼센트 소통하고 싶은 욕심이 있었어요. 그런데 어색한 발음 때문에 어쩔 수 없이 대화가 좀 삐걱거리더라고요. 백화점 식품관 같은 데서 판매 아르바이트를 하기로 결심했어요. 매일 반복해서 말하는 홍보 문구를 노래라고 생각했어요. 제가 노래를 좋아하거든요. 한 문장을 따라 하더라도 노래하듯 말하자 마음먹었죠. 그런데 그 방법이 통한 거예요. 영어와 인도네시아어도 그렇게 늘었어요. 언어를 처음 접할 때마다 새로운 노래라고 생각하며 배워요. 언어마다 선율이나 발성법이 다르거든요. 재밌는 건 일본어로 얘기할 때 저는 아주 야무지고, 공손하고요. 말끝마다 계속 "스미마셍", "아리가또"를 연발해요. 그러면서 실제로도 사람들을 과하게 배려하죠. 반면 영어로 말하는 저는 쿨해요. 지나가는 사람한테 "잘 지내?", "너 목걸이 맘에 들어." 스스럼없이 말을 걸기도 하고요. 쓰는 언어가 바뀔 때마다 인격이 바뀌는 느낌이 들어요.

그렇다면 제주어는 어떨까요?

'제주어'라는 노래는 어떤 사람이 부르는 어떤 노래일까 생각해보는 거예요. 그걸 알기 위해서는 사람과 풍토에 관심을 가져야 하고 바람 소리와 물소리를 잘 들어야 해요. 제주어는 말끝이 짧고 거친 편이에요. 바람이 세고 길고 부드럽게 말하면 잘 안 들려서 그렇게 된 거라고들 하죠. 지금까지는 그런가 보다 했는데, 최근에 어떤 분이 "말이 바람 소리를 닮아서 그런 거다."라고 말씀하시더라고요. 자연이랑 똑같이 바람에 흡수되는 운율을 가진 언어라는 거죠. 전자는 자연에 대항한 거고 후자는 흡수된 거잖아요. 전혀 다른 두 가지로 설명될 수 있다는 게 흥미로웠어요.

어쨌든 제주어는 바람을 닮은 언어네요.

제주 바람처럼 억척스럽고 투박하게 뱉어야 하는 것이 제주어예요. 제주도로 이주해서 살고 있는 젊은이들이 많이들 하는 고민이 있죠. 옆집 할망이 자꾸 우리집 일에 참견하는 거예요. 가령 "마당에 그거 주워라." 같은 말들요. 그때마다 우리는 어르신이니까 말대답도 못하고 그냥 "네네." 하고 말아요. 하지만 제주 할망이랑 친해지려면 내 의견을 정확히 말해야 해요. 제가 그때 수업 시간에 말해준 거 있죠. "내붑서양(내버려두소)!" 외치는 거예요. 그러면 할망들은 '쟤도 의견이 있는 아이로구나.' 하며 친근하게 느끼기 시작해요. 잔소리를 하는 할망은 친해지고 싶은 거예요. 야단을 치려는 게 아니라 '대대로 이 집에 살던 사람들은 여기 마당에 뭐가 떨어졌으면 주웠어.' 하고 알려주고 싶은 거예요. 대화는 '공 주고받기'라고 생각해요. 특히 제주어는 더 그래요. 퉁명스러운 제주라는 공을 예쁘게 닦아서 돌려드리는 게 아니라 받은 공 그대로 던져야 해요. 말은 그렇게 던지고 대신 마음을 예쁘게 닦아서 드리면 되죠. 과자 같은 걸 나눠드린다던가 하면서요.

지난 4년 동안 많은 할망들을 만나고 있잖아요. 저는 개인적으로 할머니에 대한 애정이 없어서 그런지 그 부분이 특히 궁금했어요. 그들의 어떤 점이 좋아요? 신지 씨는 할머니에 대한 추억이 많은 편인가요?

가족 관계 내에서의 할망이 아니라, 같은 여자로서의 할망으로 그들을 만나요. 제주에 온 지 얼마 되지 않아서 연인에게 이별을 통보 받았어요. 일 년을 집에만 박혀 우울하게 지냈어요. 그러다 어느 날 길을 나섰는데 그 길 위에서 우연히 할망들을 만난 거예요. "너는 실연했냐. 나는 내 눈앞에서 남편이 총 맞아 죽었는데(4·3 사건에 대한 이야기)."라고 툭 말씀하시는 거예요. 거기서 오는 위안이 있어요. 할망들 앞에서 제 얘기를 많이 하거든요. 다른 언어라면 오만 가지 형용사가 돌아왔을 텐데, 제주 할망들은 "하이고 기

여", "기이?" 이렇게 말씀하시고 말아요. "그래, 그럴 수도 있겠구나.", "그랬구나." 하는 대답이에요. 투박해 보이지만 따뜻해요. 시시콜콜 설명하지 않아도 소리 하나로 돌려주세요. 그 소리에는 내가 너를 이해한다는 마음이 담겨 있어요. 또 무엇보다 제주어는 뱃심으로 얘기해야 하는 말이에요. 표준어로 얘기할 때랑 제주어로 얘기할 때는 완전히 발성이 바뀌어요. 내가 기운이 없거나 우울할 때도 할망들을 만나면 "어떵 지냅수까!"라고 힘차게 말할 수밖에 없어요. 이 사람들이 살아온 억척스러움의 언어로 얘기하지 않으면 안 되는 거예요. 그래서 우울하면 길을 나서요. 그리고 할망들에게 억척스럽게 말을 걸고, 질문을 하고, 이야기를 듣지요. 그러다 보면 내 슬픔이 작아져요. 일부러 욕을 먹으러 가는 거죠. 그럴 때면, 아, 나는 할머니를 이용해서 하루하루 살고 있구나, 하는 생각도 들어요. 소리 지르듯 제주어로 대화하고 나면 속이 뻥 뚫려요.

어떤 사람이 되고 싶어요?

할망들이 평생 안 해본 걸 같이 하는 사람이 되고 싶어요. 아무도 묻지 않은 걸 질문하는 사람요. 가령 "다시 태어나면 뭐가 되고 싶어요?" 같은 질문들요. 앞으로 5년은 계속해서 제주 할망들의 이야기를 담으려고 해요.

저는 할망들을 만날 때 처음이자 마지막이라고 생각하고 만나요. 다시 찾아갈 기약이 없는 경우도 있지만, 사실은 다시 갔을 때 돌아가신 경우도 많았어요. 늘 그 자리에 있을 것 같던 할망이 떠나고 외양간이랑 하르방만 남아 있는 집 앞에서 펑펑 운 적도 있어요. 제가 부지런히 다녀야죠. 제가 들은 이 이야기들이 현대 역사의 일부분으로 자리 잡을 수도 있다고 생각해요. 제주에서 살아온 여자, 할망들만이 해줄 수 있는 이야기들이 있거든요. 할망들이 떠나시기 전에, 지금에만 할 수 있는 일이기도 하고요. 이걸 기록해두면 제가 아니더라도 누군가 쓸 수 있지 않을까요.

제주어는 어디로 갈까요.

제주어는 제주의 바람과 현무암을 닮은 사람들이 내는 소리예요. 포장하지 않은 거침이 매력이지요. 지금 제주는 많은 변화를 겪고 있고, 그러면서 사람도 땅도 매끈매끈해지고 있는데, 이 과정에서 제주어가 어떻게 변하지 않고 살아남을지, 가끔 걱정이 되기도 해요. 지금의 제주어로 제주 사람과 이야기하고 만나는 것도 어쩌면 지금이 지나면 할 수 없는 일일지도 모르겠어요. 이 시점에서 제주어를 배워보는 건 그래서 의미가 있어요.

제주어로 사람을 부를 때는 "양!"이라고 외친다. 배에 힘을 딱 주고 "양!" 내뱉어야 한다. 하
지만 나는 집에 혼자 앉아서도 그 짧은 한 단어를 큰소리로 말하기가 쑥스럽다. 어쩔 수 없이
나는 "저기요"에 익숙한 사람. 하지만 용기 내어 일단 한번 제주어라는 노래를 불러보려고
한다. 그러니까 먼저 "양!"부터. 로키가 노래하듯, 거센 제주 바람을 거침없이 가르며 "양!"

두 가지 언어

I AM NOT A PHOTOGRAPHER

얼마 전에 책을 한 권 줄간했다. 글과 사진을 엮어 만든 것인데, 책을 엮는 과정에서
편집자가 "글과 사진, 두 가지 언어가 모두 잘 전달되면 좋겠어요."라는 말을 했었다.
책이 줄간되고 친한 서점 주인은 이런 얘기를 해줬다. "선아 씨는 글과 사진, 두 가지
언어로 뭔가를 전하고 있는 것 같아요." 한동안 '두 가지 언어'를 곱씹으며 지냈다.

글·사진 박선아

잠시 멈춰서
바라보게 되는 장면들

고등학교 때는 기숙사에 살았고, 한동안 방에서 영화 보는 일에 푹 빠져 지냈다. PMP(휴대형 멀티미디어 플레이어로 스마트폰이 없던 10여 년 전에는 이 기계로 인터넷 강의를 보거나 음악을 들었다)에 내려받은 영화 몇 개를 보고 또 봤다. 평소와 다름없이 영화를 보고 있는데 친구가 물었다. "너 왜 그렇게 자꾸 정지 버튼을 누르는 거야?" 처음에는 무슨 소린지 몰랐는데, 가만 보니 영화를 보다가 화면을 자주 멈췄다. 일시정지 버튼을 누르고 어떤 장면을 몇 분씩 들여다봤다. 이유를 설명할 수가 없어서 "글쎄."라고 말하며 이어폰을 연결했다.

대학생이 되어서는 혼자 사는 자취방과 데스크톱 컴퓨터가 생겼다. 사용하는 플레이어에 화면을 캡처하는 기능이 있다는 걸 알았고, 그때부턴 정지 버튼을 누르게 되는 장면은 저장해뒀다. 영화 제목으로 폴더를 만들고,

거기에 저장한 이미지를 넣어 아카이빙했다. 영화를 다시 보는 경우는 드물었지만, 저장해둔 사진은 몇 번이고 다시 봤다.

그렇게 영화를 보다가 좋아하는 감독도 몇 생겼다. 그들은 대사 외의 것들로 설명하는 게 능숙한 사람들이었다. 비슷한 이야기를 특별히 아름답게 보여주는 이들이었고, 아름다움이 꼭 예쁨을 의미하는 것은 아니었다. 부모가 죽은 뒤 덤덤하게 산책하는 한 사람의 뒷모습, 바닷가에 나란히 앉아 석양을 보는 세 친구, 텐트 안에서 금지된 사랑을 나누는 두 남자의 얼굴에 맺힌 땀, 태풍이 부는 날에 아빠와 미끄럼틀 아래 들어가 있는 소년의 손가락…. 영화는 어떤 '신Scene'이 연결되어 만들어진 것이고, 신은 또 몇 개의 '쇼트Shot'로 이루어져 있다. 저장해둔 영화의 장면이 하나의 사진으로 손색이 없다는 걸 알게 된 것은 한참 뒤의 일이었다.

말로 표현할 수 없는
혹은 표현할 필요가 없는

영화 〈아이 캔 스피크〉에는 이런 장면이 있다. 영어 과외를 받던 할머니가 선생님에게 가족사를 묻는다. 머뭇거리던 선생님은 영어로 슬픈 가족 이야기를 한다. "I am fine." 정도만 알고 있는 할머니가 이해할 수 없는 내용이었다. 얘기가 끝나자 그녀는 "힘들었겠네."라고 말하며 안타까운 표정을 짓는다. 알아들었느냐고 선생님이 놀라서 묻자 할머니는 말한다. "네 목소리만 들어도 알 수 있어."
'언어'를 백과사전에서 찾아보면 '인류를 다른 동물과 구별하여 주는 특징의 하나'라고 나온다. 언어학자들은 다른 동물도 교육을 받으면 인간과 같은 언어를 가질 수 있지 않을까, 하는 가설 아래 여러 실험을 했다. 결과는 예상할 수 있다. '아무리 고등한 동물이어도 인간과 같은 언어를 가질 수 없다는 결론에 도달하였다.' 인간이 다른 동물의 언어를 완벽하게 이해할 수 없는 것과 비슷한 일 아닐까. 알 수 없는 것들 틈에 한 가지 분명하게 알 수 있는 것이 있다. 지구에 함께 사는 이들은 언어가 없어도 서로를 알아차릴 때가 있다. 피부색이 달라도, 걷는 발의 숫자가 다르거나 입의 모양이 달라도,

뿌리의 유무나 잎의 숫자가 달라도, 서로의 마음을 보게 되는 순간이 있다. 말로는 표현할 수 없는 혹은 표현할 필요가 없는 것들이 세상에 존재한다. 일시정지를 누르게 되던 어떤 장면이나 목소리의 온도만으로도 충분히 알 수 있는 일들. 내 직업은 에디터고 요즘은 작가라 불리기도 한다. 하는 일에 마땅히 붙어야 할 이름이지만 가끔 그 수식어들이 못 이기게 싫다. 왜일까. 한동안 자신에게 이 질문을 여러 차례 하다가 글 쓰는 일을 부끄럽게 여길 때가 있다는 것을 알아차렸다. '글로 설명하는 일이 이 세상에 꼭 필요할까.' 이 질문을 멈출 수가 없다. 계속 쓰고 싶은 만큼 끊임없이 의심한다. 그렇게 의심하면서도 쓰는 일을 막을 수도 없다. 괴로운 노릇이다. 왜 써야만 할까, 하면서 계속 쓰고, 쓴 글을 다듬고, 지워버리기도 하고, 다시 한번 백지에 용기를 내서 글자를 하나씩 채워 넣는다. 느끼는 것을 설명하려 할수록 실체와 멀어지고, 명확하게 전달하려 할수록 흐릿해지거나, 그렇게 쓴 것들이 수치심으로 돌아오기도 하고, 써버리는 그 순간 슬퍼질 때가 있어서, 쓰지 않고 두는 것들이 점점 늘어난다.

의심하기를
멈출 순 없고

외국인 친구를 만나면 짧은 단어로 말해야 하고, 그럴 때는 입보다 얼굴 근육을 써야 한다. 우리 집 고양이에게 내 마음을 전하려면 입 대신 눈을 오래 마주쳐야 한다. 그렇게 애를 쓰고도 서로의 생각이 정확하게 전달되었다고 느껴본 적이 거의 없다. 어쩌다 우리가 서로를 알아차렸다는 느낌이 들면 더없이 기쁘면서 슬픈 복잡한 마음이 되어버린다. 그리고 그 순간의 장면이 사진처럼 남곤 한다. 같은 언어를 가진 이에게 생각을 말하거나 적어 전달할 때는 가질 수 없는 일이다.

언어가 필요하거나 필요하지 않다는 얘기를 하려는 건 아니다. 이미 언어를 가진 나라에서 태어났고, 다른 언어도 몇 가지 학습했으며, 모국어로 만든 책을 읽으며 자라 그 언어로 뭔가를 써서 밥벌이하고 있다. 고마운 도구라 그것의 존폐를 말하는 것은 무의미하기도 하고 어쩐지 무례하게 느껴지기도 한다. 다만, 의심하길 멈추고 싶지는 않다. 멈출 수 없을 것 같다. 나는 왜 글로 뭔가를 전하고 싶은지, 쉼표와 온점을 어디에 어째서 찍어야만 하는지, 어디까지가 진실이고 거짓인지, 지금 이 말을 할 때인지 아니면 그저 바라보는 일로 말을 삼켜야 하는 순간인지. 끊임없이 묻다 보면 '겨우' 뭔가를 쓸 수 있을지도 모른다. 그러다 언젠가는 사진처럼 남는 글을 쓰고 싶다. SNS에 찍어 올리고 싶은 구절이나 뇌리에 남는 문장이 전혀 없이, 한 장의 사진처럼 기억할 수 있는 글. 가능할까. 나는 언젠가 그런 글을 쓸 수 있을까.

모호하고 과묵한
언어가 주는 위로

내가 아는 어느 사진가는 글쓰기를 배우고 싶다고 했다. 자신의 사진에 코멘트를 덧붙이고 싶을 때, 좋아하는 사진가나 사진을 소개하고 싶을 때, 글을 잘 쓰는 기술이 없어 생각하는 것을 전하기가 어렵다고 했다. 일러스트레이터에게도 비슷한 말을 들은 적이 있다. 그러고 보니 얼마 전에는 어느 음악가에게 앨범 소개 글을 써달라는 부탁을 받았는데, 그녀도 비슷한 마음일 거다. 뭔가를 만드는 사람에게는 첫 언어가 있지만, 저마다 다른 언어를 탐낸다. 새로운 도구를 기웃거리고 사용법을 배우기도 하

면서 내가 가진 도구를 더 잘 쓸 수 있게 되기도 한다. 둘째 도구가 마음에 들어 첫째 것을 버리게 되는 일도 종종 본 것 같다.

글자로 많은 것을 기록할 수 있지만 모든 것을 글로 남기다 보면 아무것도 쓸 수 없는 날이 올 것 같다. 쓰는 자신이 밉고 싫을 때, 사진기를 들 수 있다는 사실이 위안이 된다. 일시정지시키던 영화 속의 어떤 장면이 폴더 안에 쌓이듯, 내가 보았던 어떤 장면이 설명 없이 쌓여가는 일이 다행스럽다. 이 모호하고, 과묵한 언어를 내가 가질 수 있다는 사실이.

1교시 언어영역

다시 보는 시험지

'언어'라는 단어를 가장 선명하게 인식했던 때는 아마 고등학생 시절일 것이다. 그 겨울 가장 추웠던 아침 8시 40분, 그리고 감상보다는 감추어진 의미를 찾기에 급급했던 80분. 언어영역이라는 이름 아래, 시험과 성적이라는 틀에 갇혀 보지 못했던 무수히 많은 언어가 있다. 언어영역은 더 이상 언어영역이 아니게 되었지만(2013년 치러진 2014년도 대학수학능력시험부터 언어영역 대신 국어영역이라는 이름을 사용한다), 어쨌든 어떤 이들에게는 언제까지고 언어영역일 수밖에 없는 그 시험지에 담긴 이야기들을 다시 봤다.

에디터 김혜원

고, 침이 걸려서 캑캑거리면서도 그의 웃음은 멎지 않았다.

 준다고 바다를 마실 수는 없는 일. 사람이 마시기는 한 사발의 물 준다는 것도 허황하고 가지거니 함도 철없는 일. 바다와 한 잔의 물 그 사이에 놓인 골짜기와 눈물과 땀과 피. 그것을 셈할 줄 모르는 데 잘못이 있었다. 세상에서 뒤진 가난한 땅에 자란 지식 노동자의 슬픈 환상. 과학을 믿은 게 아니라 마술을 믿었던 게지. 바다를 한 잔의 영생수로 바꿔 준다는 마술사의 말을 그들은 뻔히 알면서 권력이라는 약을 팔려고 말로 속인 꼬임을 어리석게 신비한 술잔을 찾아 나섰다가, 낌새를 차리고 항구를 돌아보자, 그들은 항구를 차지하고 움직이지 않고 있었다. 참을 알고 돌아온 바다의 난파자들을 그들은 감옥에 가둘 것이다. 못된 균을 옮기지 않기 위해서. 역사는 소걸음으로 움직인다. 사람의 커다란 모순과 업(業)에 비기면, 아무 자국도 못 낸 것이나 마찬가지다. 당대까지 사람이 만들어 낸 물질 생산의 수확을 고르게 나누는 것만이 모든 시대에 두루 맞는 가능한 일이다. 마찬가지 아닌가. 벌써 아득한 옛날부터 사람 동네가 알아낸 슬기. 사람이라는 조건에서 비롯하는 슬픔과 기쁨을 고루 나누는 것. 그래 봐야, 사람의 조건이 아직도 풀어 나가야 할 어려움의 크기에 대면, 아무것도 아니다. 사람이 이루어 놓은 것에 눈을 돌리지 않고, 이루어야 할 것에만 눈을 돌리면, 그 자리에서 그는 삶의 힘을 잃는다. 사람이 풀어야 할 일을 한눈에 보여 주는 것 — 그것이 '죽음'이다. 은혜의 죽음을 당했을 때, 이명준 배에서는 마지막 돛대가 부러진 셈이다. 이제 이루어 놓은 것에 눈을 돌리면서 살 수 있는 힘이 남아 있지 않다. 팔자소관으로 빨리 늙는 사람도 있는 법이었다. 사람마다 다르게 마련된 몸의 길, 마음의 길, 무리의 길. 대일 언덕 없는 난파꾼은 항구를 잊어버리기로 하고 물결 따라 나선다. 환상의 술에 취해 보지 못한 섬에 닿기를 바라며. 그리고 그 섬에서 환상 없는 삶을 살기 위해서. 무서운 것을 너무 빨리 본 탓으로 지쳐 빠진 몸이, 자연의 수명을 다하기를 기다리면서 쉬기 위해서. 그렇게 해서 결정한, 중립국행이었다.

 중립국. 아무도 나를 아는 사람이 없는 땅. 하루 종일 거리를 싸다닌대도 어깨 한번 치는 사람이 없는 거리. 내가 어떤 사람이었던지도 모를뿐더러 알려고 하는 사람도 없다.

 병원 문지기라든지, 소방서 감시원이라든지, 극장의 매표원, 그런 될 수 있는 대로 마음을 쓰는 일이 적고, 그 대신 똑같은 움직임을 하루 종일 되풀이만 하면 되는 일을 할 테다. 수위실 속에서 나는 몸의 병을 고치러 오는 사람들을 바라본다. 나는 문간을 깨끗이 치우고 아침저녁으로 꽃밭에 물을 준다.

― 최인훈, 「광장」 ―

41. 윗글의 서술상 특징으로 가장 적절한 것은?

① 장면의 빈번한 전환을 통해 긴박한 분위기를
② 인물의 의식에 초점을 맞추어 현실에 대한 관□□□ 내고 있다.
③ 실제 공간의 실감 있는 묘사를 통해 시대□□□□ 하고 있다.
④ 회상을 통해 대조적 체험을 병렬적으로 제시□□ 강화하고 있다.
⑤ 인물 간의 갈등을 다각적으로 조명하여 사□□□ 다면화하고 있다.

42. 난파꾼에 대한 이해로 가장 적절한 것은?

① 과거에 집착하는 존재이다.
② 정주할 곳에 도달한 존재이다.
③ 환상이 허황됨을 알아차린 존재이다.
④ 속세를 떠난 구도자가 되려는 존재이다.
⑤ 현실 변화에 민첩하게 적응하는 존재이다.

43. <보기>를 참고하여 윗글을 감상할 때 적절하□□

<보 기>

4·19 직후에 발표된 최인훈의 「광장」은 □□던 이념 대립의 문제를 정면으로 파헤친 점□□□ 설의 대표작으로 평가받고 있다. 남북한 간□□적 구도로 인해, 한반도의 분단만이 아니라 □□□ 사회적 모순과 문제점을 비판하고 고발하는 □□

《광장》, 최인훈

"중립국." 처음 이 표현을 보고 놀랐던 기억이 난다. 《광장》은 고등학교 수업 시간에 배웠던 현대소설 중 마음에 남은 몇 안 되는 작품이다. 문득 이상하다. 소설을 현대소설이라 다시 분류하며, 읽은 게 아니고 배웠다고 표현하는 것이. 근래에는 《광장》을 떠올릴 일이 많았다. 그러면서 "인간은 광장에 나서지 않고는 살지 못한다."고 했던 최인훈의 말도 생각났다. 그러다 작가처럼 명준에게 묻고 싶었다. 명준은 그가 살았던 고장의 모습이 70년 후 이러리라고 생각했을까?

① □□□□□□□□□□□□□□□□□□ 상황에□□□□□□□□□□□□□□□□□□□□□택을 마치□□□ 반응에서 이를 엿볼 수 있지.
② 개인의 이익보다 이념을 택하는 당대 지식□□□ 드러나 있어 개인의 행복한 삶을 마다하고 □□ 주인공의 선택에서 이를 엿볼 수 있지.
③ 현실의 문제를 감추거나 왜곡하기에 급급한 □□□□□

을 놓는다

　소는 식욕의 즐거움조차를 냉대할 수 있는 지상 최대의 권태자다 얼마나 권태에 지질렸길래 이미 위에 들어간 식물을 다시 게워 그 시금털털한 반소화물(半消化物)의 미각을 역설적으로 향락하는 체해 보임이리오?

　소의 체구가 크면 클수록 그의 권태도 크고 슬프다. 나는 소 앞에 누워 내 세균같이 사소한 고독을 겸손하면서 나도 사색의 반추는 가능할는지 불가능할는지 몰래 좀 생각해 본다

(중략)

　그렇건만 내일이라는 것이 있다. 다시는 날이 새지 않은 것 같기도 한 밤 저쪽에 또 내일이라는 놈이 한 개 버티고 서 있다 마치 흉맹한 형리(刑吏)처럼―나는 그 형리를 피할 수 없다 오늘이 되어 버린 내일 속에서 또 나는 질식할 만치 심심해 해야 되고 기막힐 만치 답답해 해야 된다

　그럼 오늘 하루를 나는 어떻게 지냈던가 이런 것은 생각할 필요가 없으리라. 그냥 자자! 자다가 불행히―아니 다행히 또 깨거든 최 서방의 조카와 장기나 또 한판 두지, 웅덩이에 가서 송사리를 볼 수도 있고―몇 가지 안 남은 기억을 소처럼―반추하면서 끝없는 나태를 즐기는 방법도 있지 않으냐.

　불나비가 달려들어 불을 끈다 불나비는 죽었든지 화상을 입었으리라, 그러나 불나비라는 놈은 사는 방법을 아는 놈이다. 불을 보면 뛰어들 줄을 알고―평상에 불을 초조히 찾아다닐 줄도 아는 정열의 생물이니 말이다

　그러나 여기 어디 불을 찾으려는 정열이 있으며 뛰어들 불이 있느냐. 없다 나에게는 아무것도 없고 아무것도 없는 내 눈에는 아무것도 보이지 않는다.

　암흑은 암흑인 이상 이 좁은 방 것이나 우주에 꽉 찬 것이나 분량상 차이가 없으리라. 나는 이 대소 없는 암흑 가운데 누워서 숨 쉴 것도 어루만질 것도 또 욕심나는 것도 아무것도 없다. 다만 어디까지 가야 끝이 날지 모르는 내일 그것이 또 창밖에 등대(等待)*하고 있는 것을 느끼면서 오들오들 떨고 있을 뿐이다.

－ 이상, 「권태」 －

* 등대 : 미리 준비하고 기다림.

〈권태〉, 이상

이상은 이름처럼 살기로 작정한 사람 같았다. "13인의아해兒孩가도로로질주하오." 시 〈오감도〉를 먼저 본 탓이다. 저런 글을 쓰는 사람의 머릿속에서는 이상하고도 즐거운 생각이 늘 핑퐁게임처럼 오가지 않았을까 한다. 시험지에 〈오감도〉가 아니라 〈권태〉가 있어서 다행이다. 이상은 뛰어난 수필가다. "암흑은 암흑인 이상 이 좁은 방 것이나 우주에 꽉 찬 것이나 분량상 차이가 없으리라. 나는 이 대소 없는 암흑 가운데 누워서 숨 쉴 것도 어루만질 것도 또 욕심나는 것도 아무것도 없다." 게다가 우리에게는 아무것도 하지 않을 시간이 필요하다.

적으로 강조하는 독서 태도로 가장 적절한

고 자기를 돌이켜 보아서 환히 이해되지
, 모름지기 성인이 준 가르침이란 반드시
있고 행할 수도 있는 것에 대하여 말한
 성현의 말과 나의 소견이 다르다면
 노력이 철저하지 못한 까닭이다 성현이
 행하기 어려운 것으로 나를 속이겠는가
 믿어서 만 생각이 없이 간절히 찾으면
있을 것이다

— 이황, 「독서」 —

열전」을 읽다가 "조(祖)를 마치고 길에
구절을 보게 되었다고 하자. "조(祖)가
 물으면 스승께서는 "떠나보낼 때
 제사다"라고 하실 것이다 다시 "하필
 조(祖)'로 쓰는 것은 무엇 때문인지요?"
확실하지 않다"라고 하실 것이다 그러면
돌아와서 자전(字典)'을 꺼내 '조(祖)'의
 그리고 자전을 바탕으로 다른 책으로
주석과 풀이를 살피면서 그 뿌리의 끝을
까지 줌도록 하여라

— 정약용, 「둘째 아들에게 부침」 —

 일정한 순서로 늘어놓고 글자 하나하나의
이한 책.

〈시집살이 노래〉, 작자 미상

작자 미상의 고전 시가가 지금까지 전해질 수 있었던 이유
에 대해 떠올려보자. 구구절절 공감하는 이들의 입에서 입
으로, 손에서 손으로? 아마 그럴 테다. 시집살이에 관해 물
어보는 사촌 동생에게 언니는 이렇게 답한다. "그 말 마라
시집살이 개집살이" 시집 식구들은 또 어쩜 이렇게 소름
끼치게 묘사했는지. 시아버지는 호랑새, 시어머니는 꾸중
새, 동서는 할림새, 시누는 뽀족새, 시아주버니는 뽀중새,
남편은 미련새다. 고전 시가는 개화기 이전의 한국의 시와
노래를 통칭하는 말이다. 어림잡아도 150년 전에 쓰인 글
이라는 게, 그리고 여전히 공감할 수 있다는 게 놀랍다.

[31~33] 다음 글을 읽고 물음에 답하시오.

형님 온다 형님 온다 분고개로 형님 온다.
형님 마중 누가 갈까 형님 동생 내가 가지
형님 형님 사촌 형님 시집살이 어떱뎁까
㉠이애 이애 그 말 마라 시집살이 개집살이
앞밭에는 당추 심고 뒷밭에는 고추 심어, [A]
고추 당추 맵다 해도 시집살이 더 맵더라.
둥글둥글 수박 식기(食器) 밥 담기도 어렵더라
도리도리 도리소반(小盤) 수저 놓기 더 어렵더라
㉡오 리(五里) 물을 길어다가 십 리(十里) 방아 찧어다가,
아홉 솥에 불을 때고 열두 방에 자리 걷고,
외나무다리 어렵대야 시아버니같이 어려우랴.
나뭇잎이 푸르대야 시어머니보다 더 푸르랴.
㉢시아버니 호랑새요 시어머니 꾸중새요
동세 하나 할림새요 시누 하나 뽀족새요
시아지비 뽀중새요 남편 하나 미련새요
자식 하난 우는 새요 나 하나만 썩는 샐세.
㉣귀먹어서 삼 년이요 눈 어두워 삼 년이요
말 못해서 삼 년이요 석 삼 년을 살고 나니,
㉤배꽃 같던 요내 얼굴 호박꽃이 다 되었네.
삼단 같던 요내 머리 비사리춤이 다 되었네.
백옥 같던 요내 손길 오리발이 다 되었네.
열새 무명 반물치마 눈물 씻기 다 젖었네.
두 폭 붙이 행주치마 콧물 받기 다 젖었네
울었던가 말았던가 베갯머리 소(沼) 이뤘네.
그것도 소이라고 거위 한 쌍 오리 한 쌍
쌍쌍이 때 들어오네.

— 작자 미상, 「시집살이 노래」 —

31. 윗글의 시상 전개에 대한 이해로 가장 적절한 것은?

① 감탄과 반성의 어조를 교차하여 복잡한 감정을 나타내고 있다.

② 상황을 부정적으로 규정하고 나서 다양한 예들을 나열하고
있다.

③ 처음과 끝을 동일한 내용으로 상응시켜 시상 전개에 안정감을
부여하고 있다.

④ 근경에서 원경으로 시선을 확대해 가면서 심리의 변화를 보여
주고 있다

⑤ 외부 세계와 내면을 대비해 가며 이상적 세계에 대한 동경을
드러내고 있다

18. (마)와 <보기>를 비교하여 감상한 내용으로 적절하지 <u>않은</u> 것은? [3점]

<보 기>

　　벽사창(碧紗窓)이 어룬어룬커늘 님만 너겨 풀떠 나러나 뛰 뚝 나셔 보니

　　님은 아니오 명월(明月)이 만정(滿庭)혼디 벽오동(碧梧桐) 져즌 닙히 봉황(鳳凰)이 누려안자 긴 부리를 휘여다가 두 누애에 너히 두고 슬금슬적 짓 다듬는 그림자 | 로다

　　모처로 밤일시만졍 혱어 낫이런들 늠 우일 번 호여라

－ 작자 미상 －

① (마)의 초장과 <보기>의 초장에서는 모두 감각적 자극이 착각 을 불러일으키는 원인이 되고 있군.

② (마)의 초장과 <보기>의 초장에서는 모두 창밖의 변화에 즉각 적으로 반응하는 화자의 모습이 그려지고 있군.

③ (마)의 중장과 <보기>의 중장에서는 모두 화자의 착각을 불러 일으킨 대상이 확인되고 있군.

④ (마)의 중장에서는 착각을 야기한 대상에 대한 묘사가, <보기>의 중장에서는 착각을 야기한 대상에 대한 비판이 제시되고 있군.

⑤ (마)의 종장에서는 화자의 내면적 고통을 토로하고 있고, <보기>의 종장에서는 타인의 평가와 조소를 의식하고 있군.

[19~20] 다음 글을 읽고 물음에 답하시오.

(가)

　　살구나무 그늘로 얼굴을 가리고, 병원 뒤뜰에 누워, 젊은 여자가 흰옷 아래로 하얀 다리를 드러내 놓고 일광욕을 한다. 한 나절이 기울도록 가슴을 앓는다는 이 여자를 찾아오는 이, 나비 한 마리도 없다 슬프지도 않은 살구나무 가지에는 바람조차 없다.

　　나도 모를 아픔을 오래 참다 처음으로 이곳에 찾아왔다 그 러나 나의 늙은 의사는 젊은이의 병을 모른다. 나한테는 병이 없다고 한다 이 지나친 시련, 이 지나친 피로, 나는 성내서는 안 된다

　　여자는 자리에서 일어나 옷깃을 여미고 화단에서 금잔화 한 포기를 따 가슴에 꽂고 병실 안으로 사라진다 나는 그 여자의 건강이 — 아니 내 건강도 속히 회복되기를 바라며 그가 누웠 던 자리에 누워 본다. 　　　　　　－ 윤동주, 「병원」 －

(나)

　　유성에서 조치원으로 가는 어느 들판에 우두커니 서 있는 한 그루 늙은 나무를 만났다 수도승일까 묵중하게 서 있었다 다음날은 조치원에서 공주로 가는 어느 가난한 마을 어귀에

19. (가), (나)에 대한 설명으로 가장 적절한

① (가)와 (나)는 모두 색채 이미지를 활용하 드러내고 있다

② (가)와 (나)는 모두 일상을 벗어난 공간 공간에 의미를 부여하고 있다

③ (가)는 (나)와 달리, 사물의 속성을 분석하 적인 전망을 제시하고 있다

④ (나)는 (가)와 달리, 추측을 나타내는 표현 연상시키는 의미를 심화하고 있다

⑤ (가)는 현재형 시제로 계절의 상징성을 시간에 따른 사물의 변화상을 보여 주고

〈병원〉, 윤동주

특히 시를 읽을 때면 그랬다. '흰옷', '하얀 다리'는 색채 이 미지. '나비', '살구나무', '금잔화'는 자연물. 마음속에 떠 오르지도 않은 영상을 그려보려 무던히 애썼다. 그래서 한 동안 시를 읽는 게 어려웠다. 찾던 버릇은 계속 무언가를 찾아 헤맸으니까. 하지만 이제는 시를 읽는다. 이 시도 읽 었다. "나도 모를 아픔을 오래 참다 처음으로 이곳에 찾아 왔다. 그러나 나의 늙은 의사는 젊은이의 병을 모른다. 나 한테는 병이 없다고 한다. 이 지나친 시련, 이 지나친 피로, 나는 성내서는 안 된다." 시인 대신 성내기도 하며, 보이는 대로, 읽히는 대로, 모르면 모르는 대로, 나도 "그가 누웠 던 자리에 누워 본다."

20. <보기>의 관점에서 (가), (나)의 '화자와

① (가)의 화자는 '병원 뒤뜰에 누워 있는

② (가)의 화자는 찾는 이가 없는 가슴을 앓

③ (가)의 화자는 '젊은이의 병'을 모르는

④ (가)의 화자는 '금잔화 한 포기'를 꽂고 병

⑤ (가)의 화자는 '그가 누웠던' 곳에 누워

을 읽고 물음에 답하시오.

살임을 상기시키는 아무런 특별함은 없다 그해
었는지 비가 내렸는지 맑았는지 흐렸는지, 이제
는 일조차 잊어버린 치매 상태의 노모에게 묻
는 일이다 다산의 축복을 받은 농경민의 마지
에게 아이를 낳는 것은, 밤송이가 벌어 저절로
지는 것, 봉숭아 여문 씨들이 바람에 화르르 흐
 자연스럽고 범상한 일이었을 것이다
이 태어나던 때를 기억하고 있다 깨끗한 바가
그 위에 마른 미역을 한 잎 걸쳐 안방 시렁에
바친 다음 할머니는 또다시 깨끗한 짚을 한 다
여갔다 사람도 짐승처럼 짚북데기 깔자리에서
구에게도 물을 수 없었던 마음속의 의문에 안
눈길이 자꾸 은밀하고 유심해졌다
이가 미어지게 나무를 처넣어 부엌의 무쇠솥
 저녁 내내 어둡고 웅숭깊은 부엌에는 설설 물
운 김이 가득 서렸다 특별히 누군가 말해 준
이들은 무언가 분주하고 소란스럽고 조심스러
어머니가 아기를 낳으려 한다는 눈치를 채게

에게, 해지기 전에 옛우물에서 물을 길어 와
라고 말했다 머리카락 빠뜨리지 마라 쓸데없
 떨구지 마라 부정 탄다 할머니는 엄하게 덧

(중략)

애에 있어서 사십오 년이란 무엇일까 부자도
수 있고 대통령도 마술사도 될 수 있는 시간일
어서 물과 불과 먼지와 바람으로 흩어져 산하
기에도 충분한 시간이다
래 진화의 표본을 찾아 적도 밑 일천 킬로미터
갈라파고스 제도로 갈 수도, 아프리카에 가서 사
될 수도 있었으리라 무인도의 로빈슨 크루소도,
될 수 있었으리라 피는 꽃과 지는 잎의 섭리를
 한 권의 책을 쓸 수도 있었을 테고 맨발로 춤
도 될 수 있었으리라 질량 불변의 법칙과 영혼
윤회에 대한 책을 쓸 수도 있었을 것이다 납과
는 연금술사도 될 수 있었고 밤하늘의 별을 보
 바를 알았을는지도 모른다
지금 작은 지방 도시에서 만성적인 편두통과

함께 성장을 하고 밤 외출을 하기도 한다
　갈라파고스를 떠올린 것도 엊그제, 벌써 한 주일 이상이나 화재가 계속되어 희귀 생물의 희생이 걱정된다는 티브이 뉴스에 비친 광경이 의식의 표면에 남긴 잔상 같은 것일 테고 더 먼저는 아들이, 자신이 사용하는 물건들에 붙여 놓은, '도도'라는 말에서 비롯된 것일 수도 있다 도도 가 무엇인가를 묻자 아들은 4백 년 전에 사라진, 나는 기능을 잃어 멸종된 새였다고 말했었다 누구나 젊은 한 시절 자신을 전설 속의, 멸종된 종으로 여기지 않겠는가 관습과 제도 속으로 들어가야 하는 두려움과 항거를 그렇게 나타내지 않겠는가
　우리 삶의 풍속은 그만큼 빈약한 상상력에 기대어 부박하다 삶이 내게 도태시킨 가능성에 대해 별반 아쉬움도 없이 잠깐 생각해 본 것은 내가 새로 보태어진 나이테에 잠깐 발이 걸렸다는 뜻일 게다 그러나 나는 이제 혼례에나 장례에 꼭 같은 한 가지 옷으로 각각 알맞은 역할을 연출할 줄 알고 내 손으로 질서 지워지는 일들에 자부심을 갖고 있다 마늘과 생강이 어우러져 내는 맛을 알고 행주와 걸레의 질서를 사랑하지만 종종 무질서 속으로 피신하는 것도 한 방법이라는 것을 알고 있다

- 오정희, 「옛우물」 -

〈옛우물〉, 오정희

"한 사람의 생애에 있어서 사십오 년이란 무엇일까. 부자도 가난뱅이도 될 수 있고 대통령도 마술사도 될 수 있는 시간일뿐더러 이미 죽어서 물과 불과 먼지와 바람으로 흩어져 산하에 분분히 내리기에도 충분한 시간이다." 오정희의 문장은 연필로 꾹꾹 눌러쓴 것 같다. 입술을 오물쪼물 움직이며 문장을 되뇌게 한다. 생각하게 한다. 그리고 오래 마음에 남는다. 주인공은 마흔다섯 번째 생일날 아침 자신이 태어난 날을 떠올려보려 한다. 한 사람의 생애에 있어 45년이란 무엇일까, 그렇다면 30년이란 무엇일까, 19년이란 무엇일까. 결국 삶이란 무엇일까 생각하게 한다.

집이 비교적 행복한 것도 우리 부모의 열렬한 책임감 때문입니다 (자기 손목시계를 보며 지금이 저녁 일곱 시 반이니 아마 아버지가 곧 돌아올 것입니다 아버지는 늘 쾌활한 얼굴에다 발걸음은 참새처럼 가볍지요.

졸음이 오는 **지루한 음악**과 더불어 철문 도어가 무겁게 열리며 교수 등장 아래위 **양복**이 원고지를 덧붙여 만든 것처럼 이것도 **원고지 칸 투성이**다 손에는 큼직한 낡은 가방을 들고 있다 허리에 쇠사슬을 두르고 있는데 허리를 돌고 남은 줄이 마루에 줄줄 끌려 다닌다 쇠사슬이 도어 밖까지 나가 있어 끝이 없다. 도어를 닫고 소파에 힘들게 앉는다 여전히 쇠사슬을 끌고 다니면서 가방은 자기 옆에 놓고 처음으로 전면을 바라본다 중년에 퍽 마른 얼굴, 이마에는 주름살이 가고 찌푸린 얼굴은 돌 모양 변화가 없다 잠시 후 피곤하다는 듯이 두 손을 옆으로 뻗치면서 크게 기지개를 한다 '아아 하고 토하는 큰 하품은 무엇에 두들겨 맞아 죽는 **비명**같이 비참하게 들려 오히려 관객들을 놀라게 한다 장녀가 플랫폼에 나타난다

장녀 저의 아버지랍니다 밖에서 돌아오시면 늘 이렇게 **달콤한 하품**을 하신답니다 (교수는 머리를 기대고 잠을 자고 있다 코를 고는데 흡사 고양이 우는 소리다.) 인제 어머님이 돌아오셔요. 어머님은 늘 아버지의 건강을 염려하세요.

적당한 곳에서 처가 나타난다 과거에는 살도 쪘지만 현재는 몸이 거의 헝클어져 있다 퇴색한 옷을 입고 있다. 소리를 안 내고 들어와 잠자는 교수의 주머니를 살살이 턴다 돈을 한 주먹 쥐고 이어 교수의 가방을 턴다. 돈 부스러기를 몇 장 찾아내고 그 액수가 적음에 실망을 한다 잠시 후 교수를 흔들어 깨운다.

장녀 제 말이 맞았지요?

플랫폼 방 불이 서서히 꺼진다

처 여보, 여기서 그냥 주무시면 어떡해요. 옷도 안 갈아입으시고.
교수 깜빡 잠이 들었군

교수 일어선다

처 어서 옷을 갈아입으세요. (처는 교수 허리에 칭칭 감긴 **철쇄**를 풀어 헤치고 소파 뒤의 막대기에 감겨 있는 또 하나의 굵은 줄을 풀어 교수 허리에 다시 감아 준다.) 옷을 갈아입으시니 한결 시원하시지 않아요?
교수 난 잘 모르겠어

이근삼, 「원고지」

〈원고지〉, 이근삼

절묘하게도 〈원고지〉의 주인공은 언어를 번역하는 사람이다. 그는 교수이지만 박봉이기 때문에 가족의 생계를 위해 쉬지 않고, 마치 기계처럼 번역 원고를 쓴다. 늘 돈과 시간에 쫓기고, 죄수처럼 일상에 얽매어 있다. 이근삼이 1960년 1월 《사상계》에 발표한 〈원고지〉는 한국 서사극의 효시로 평가되는 희곡이다. 서사극은 현대사회를 드러내기에 효과적인 그릇이다. 지식인으로 평가되는 교수조차 물질에 투신해야 하는 사회. 당장 돈으로 치환할 수 없는 많은 것들을 쓸모없는 것으로 간주하는 요즘과 다르지 않다. 등장인물들이 나누는 대화는 웃기지만, 너무 아프다.

《시장과 전장》, 박경리

《토지》는 알지만 이 책을 아는 사람은 드물지 않을까? 《시장과 전장》은 한국전쟁을 소재로 한 소설이다. 소설에는 전쟁을 겪는 여러 인물이 등장하는데, 그중 가장 마음이 쓰이는 건 지영이다. 그리고 지문에는 등장하지 않은 대목을, 지영이 6월 24일 밤에 남편에게 보낸 편지의 일부를 지금 함께 보고 싶다. "다음은 당신의 그 소박한 허영에 대해서 말씀 드리겠어요. 그렇습니다. 참 소박한 허영이에요. 당신은 대학 나온 아내를 갖고 싶었을 거예요. 언젠가 기차 통학하는 저를 두고 친구에게 누이동생이라 했더니 그 친구가 처남 하자 하더라면서 당신은 유쾌한 표정으로 저에게 말하신 일이 있죠? 또 한번은 어떤 대학생 둘이 저의 뒤를 따라오다가 희가 나오면서 엄마 하고 부르는 바람에 그들이 막 웃으면서 돌아서더라는 건넛집 평양댁 아주머니의 말을 듣고 당신은 역시 유쾌하게 웃었습니다. 사소한 일이죠. 지극히. 그러나 도대체 저는 무엇일까요? 당신에게 있어서, 아내입니까? 어쨌든 저는 그렇게 싫어한 사람들 속으로, 밖으로 몰려나왔습니다."

하고 물었으나 그들은 미친 듯 뛰어갈 뿐이다

"여보, 여보시오! 어디서 배급을 줍니까?"

다시 물었으나 여전히 그들은 뛰어간다 윤씨와 김씨 댁 아주머니도 이제 더 이상 묻지 않고 그들을 따라 뛰어간다 그들이 간 곳은 한강 모래밭이었다 강의 얼음은 아직 풀리지 않았다 그곳에는 여남은 명가량의 사람들이 몰려 있었다. 사실은 배급이 아니었다 밤사이에 **중공군**과 인민군이 후퇴하면서 미처 날라가지 못했던 **식량**이 여기저기 흩어져 있었던 것이다 사람들은 **갈가마귀떼**처럼 몰려들어 가마니를 열었다 그리고 악을 쓰면서 자루에다 쌀과 수수를 집어넣는다 쌀과 수수가 강변에 흩어진다 사람들은 **굶주린 이리떼**처럼 눈에 핏발이 서서 자루에 곡식을 넣어 짊어지고 일어섰다 쌀자루를 짊어지고 강변을 따라 급히 도망쳐 가는 사나이들, 쌀자루에 쌀을 옮겨 넣는 아낙들, 필사적이다 그야말로 전쟁이다 김씨 댁 아주머니와 윤씨도 허겁지겁 달려들어 쌀을 퍼낸다 그리고 떨리는 손으로 자루 끝을 여민 뒤 머리에 이고 일어섰다 그 순간 하늘이 진동하고 땅이 꺼지는 듯 고함 소리, 총성과 함께 윤씨가 푹 쓰러진다 윤씨는 외마디 소리를 지르며 쌀자루 위에 얼굴을 처박는다 거무죽죽한 피가 모래밭에 스며든다

(중략)

김씨 부인이,

"애기 엄마·   "

하고 소리쳐 부른다 지영은 그냥 쫓아간다

"큰일 나오! 큰일 나, 지금 가면 안 돼요! 애기를 어쩌려고 그러는 거요."

지영은 언덕길을 미끄러지는 듯 달려간다 둑길을 넘었다 강변에는 아무도 없었다 강물도 하늘도 강 건너 서울도 회색빛 속에 싸여 있었다 지영은 윤씨를 내려다본다. 쌀자루를 꼭 껴안고 있다. **쌀자루**는 피에 젖어 거무죽죽하다 지영은 윤씨를 안아 일으킨다 그리고 들춰 업는다. 그는 한 발 한 발 힘을 주며 걸음을 옮긴다. 윤씨를 업고 **벼랑을 기어오른다** 아무것도 기억할 수가 없었다. 아무것도 보이지 않았다. 얼마나 오랜 시간이 흘렀는지 그는 둑길까지 나왔다 둑길에서 저 멀리 과천으로 뻗은 길을 바라본다. 길은 외줄기····· 멀리멀리 뻗어 있다 지영은 집으로 돌아왔다

— 박경리, 「시장과 전장」 —

뱃사공

출항사

스무 살 무렵의 뱃사공을 본 적이 있다. 그저 남들보다
조금 더 박자를 잘 타는 아이였는데, 10년도 더 지난 지
금, 힙합신에서 그 특유의 취한 듯 느릿한 스타일로 무
대를 장악하는 래퍼가 됐다. 〈쇼미더머니〉 화려한 무대
밖에서 묵묵히 노를 젓는 뱃사람의 종착지는 어딜까?

에디터 **김건태** 포토그래퍼 **Hae Ran**

출항사
00:03:18

아무도 없는 외딴섬
뱃사람 하나 배 한 척
난 뱃노래를 부를 때면
괜찮아 날 몰라준 세상도
두 발로 뛰는 마라톤에
누군 차를 끌고 멀리 내달려
구멍 난 닻과 맘을 꿰어가며
나 또한 인간인지라 아 조금 배 아퍼

가난을 노래해도 내 맘은
떼부자면 돼 두꺼운 희망을 덮고
낭만을 베고 자면 돼
겨울 되면 춥고 여름 되면 물론 뜨겁지
섭리대로 살면 대체 무엇이 부럽지
집에 오면 나를 반겨주는 코시
행복은 여기도 많어 좋은 기운을 담아
이 노래에다가 내 앨범이 나와

근데 그 제목이 말야 뭐냐고? 출항사
그래 난 출항만 할 거 없지 우왕좌왕
이것은 붐뱁 클리어는 미안함
난 존나 힙합 하고 걍 쇠고랑 차
고집쟁이들을 위해 노를 저

난 네가 느낀다면 외롭지 않아 조금도
울려라 뱃고동 다됐지 녹음도
메마른 네 고막에다가 한 모금 줘
리짓군즈호는 수면 위 소문이 많이 났지
만족 않지 개개인 세질 때까지 갈고 닦지
뱃사공 말고 아무것도 아니 달고 왔지
확실히 다른 달라는 날 말하는 답변 맞지
얼쑤 요샌 배달 일해 맥도날드
퇴근길에 얻은 몇 소절
이것만큼 값진 것이 없어
이젠 가봐야 해 배 몰러

파도야 나를 태워 저 멀리 나를 데려가
뱃길은 막힐 리 없네 다 헐벗고 헤어 나와

잃을게 없는 놈 뱃사공 그래 이건 잃을 게 없는
모험이야 뱃길에 막을 알려 뱃길에 막을 알려

뱃사공은 2013년, 야밤그루브 [야광]으로 힙합신에 처음 모습을 보인 래퍼다. 이후 리짓군즈 크루의 일원으로 활동하고 있으며, 2015년 정규앨범 [출항사]를 발표했다. 타이틀 곡 '출항사'는 래퍼로서 뱃사공의 첫 번째 포부를 출항에 비유해 이야기하는 곡이다.

'노래를 만드는 마음'에 힙합 뮤지션을 소개하는 건 처음이에요. 《어라운드》를 알고 있나요?
《어라운드》 몰라요. 원래 잡지를 잘 안 봐서. 아는 건 《맥심Maxim》 정도?

음, 인터뷰 제의를 받았을 때 별 느낌 없었겠네요?
억지로 짜내서 만들면 감회가 생길 수도 있는데, 그건 거짓말인 것 같고요. 그냥 아무 생각 없이 왔어요. 죄송해요. 제가 유식한 얘긴 잘 못 해요.

아니에요. 기대했던 대로예요. 먼저 자기소개를 부탁드려요.
저는 뱃사공이고요. 2015년에 [출항사]라는 첫 정규 앨범을 냈고, '리짓 군즈Legit Goons'라는 크루에서도 두 장의 앨범을 냈어요. 앞에서 소개해주신 것처럼 힙합 뮤지션인데, 일반적으로 떠올리는 흑인 힙합보다는 조금 더 한국적인 정서를 담아내려 노력하고 있어요.

한국적인 정서가 뭔가요?
음악적인 것보다는 제 태도와 관련된 건데요. 일단 제가 흑인이 아니고 흑인의 삶을 살지 않았는데 그걸 무작정 따라 하는 것이 과연 옳을까, 정서적 괴리를 느꼈어요. 처음에는 단순히 가사에 영어를 사용하지 않겠다고 다짐했다가, 나중에는 그렇게 형식적으로 힘을 주는 것보다는 제가 살아온 삶과 경험을 이야기하는 게 곧 한국적인 정서를 말하는 것이라 생각한 거죠.

한국 힙합이라고 하면 1990년대, 흔히 1세대라고 말하는 홍대 마스터플랜Master Plan이 떠올라요. 그걸 이어간다는 의미인가요?
힙합 안에서도 다양한 비트가 있는데, 요즘 유행인 트랩Trap이나 멈블Mumble을 하지 않고 예전의 붐뱁Boom Bap 스타일을 이어가면 조금 더 한국적이지 않은가 스스로 착각했던 거예요. 하지만 붐뱁 역시 1세대 래퍼들이 흑인의 음악을 가져왔다는 점에서 한국 힙합이라는 말은 맞지 않죠. 그런 형식적인 건 이제는 제게 중요하지 않은 상태이기도 하고요.

래퍼로서 리얼과 정통을 논하는 시기는 지난 거네요.
그런 셈이죠. 제 자신이 리얼 힙합으로 가기 위해 노력했다가, 뱃사공 자체의 이야기를 하는 게 지금은 편안해졌어요.

자, 그럼 뱃사공의 이야기를 담은 '출항사' 이야기를 해볼게요. 어떤 곡인가요?
'출항사'는 정규 1집 앨범의 제목이자 타이틀 곡이에요. 처음에는 인트로 곡으로 생각하며 만들었는데, 제가 하고 싶은 이야기가 잘 전달됐다고 생각해서 타이틀로 정했어요. 다른 가사와 달리 비유를 많이 사용했어요. 외딴 섬, 노래 하나, 뱃사람과 배 한 척. 가난하지만 행복하게 작업하는 제 모습을 그리고 싶었어요. 노래를 만들 당시에 택배 상하차 일과 롯데리아 배달을 병행했는데, 퇴근하고 음악을 만들 때 가장 좋았거든요. 그 마음을 담은 거죠.

자신을 뱃사람에 비유한 특별한 이유가 있나요? 혹시 어부가 꿈이었어요?
아뇨. 저는 수영도 할 줄 모르고, 심지어 배 타는 것도 좋아하지 않아요(웃음). 단순히 물에서 흘러가는 이미지가 좋아서 지은 거예요.

첫 앨범인 데다 제목도 '출항사'여서 굉장한 포부를 기대했는데, 막상 음악을 들어보면 의외로 차분한 느낌이에요. 범선이 아니라 나룻배 느낌이랄까.
평소 성격이 좀 무던한 편이에요. 그런데 이상하게도 당시 음악을 만들 때는 제 안에서 분노가 끓어오르면 화를 내곤 했어요. 힙합을 수호하는 척 억지로 행동하기도 하고요. 하지만 어느 순간 '내가 뭘 수호하고 있지?' 스스로 깨달은 거죠. 그때부터 다 내려놓고 있는 그대로를 이야기하기 시작했어요. 다 내려놓은 상태로 나온 곡이라 더 그런 느낌이 드는 것 같아요.

확실히 요즘 유행하는 빠르고 트렌디한 힙합과는 조금 거리가 있어 보여요. 듣는 사람을 춤추게 하는 음악보다는 맥주 한 병 들고 천천히 흔들게 만드는 음악요.
트렌드를 무시하고 싫어하는 건 아니고, 그저 그게 저의 방법인 것 같아요. 유행에 따라 옷을 사기보다는 제가 좋아하는 옷을 계속해서 입는 것과 같은 거죠. 애초에 빠른 음악보다는 이런 비트를 선호하기도 하고요.

방송에 비치는 래퍼들은 흔히 외제 차가 몇 대인지, 얼마를 벌었는지, 블링블링 금은보화, 내가 세상에서 최고라는 식의 태도를 보여요. 그런데 뱃사공은 오히려 자신의 가난을 노래하고, 패스트푸드 알바 하고, 돈 없어서 신발도 팔았고, 그런 이야기들을 주로 하는 것 같아요.
이유는 하나예요. 돈이 없으니까. 허세 부리는 건 제 성격상 안 되고, 기본적으로 이 앨범 자체가 힙합을 대변하기보다는 제 자신을 말하기 위한 앨범이기 때문이에요. 하나 더 얘길 보태자면 저는 솔직히 돈이나 외제 차 이야기하는 래퍼들이 절대로 구리다고 생각하지 않아요. 저도 돈 벌면 그런 이야기를 쓸지도 모르죠(웃음). 하지만 포인트는 이거예요. 돈 자랑을 하더라도 조금 참신한 방법으로 했으면 좋겠다는 것. '이번 달에 통장에 몇 억 찍었고, 다음 달엔 얼마 더 벌 거야. 다 써버리고 내일 또 벌 거야.' 그런 표현들이 이제는 식상한 가사가 된 거죠. 제가 돈을 벌 수 있을지 아닐지 모르겠지만, 저라면 '롤렉스 살 돈으로 빈티지숍 사버릴 거야.' 아니면 '돈 벌어서 유기견 센터에 기부할 거야.'라는 식으로 표현할 거 같아요.

하긴 일부 사람들은 왜 그렇게 힙합에서 돈 얘기만 하는지 모르겠다고 하는데, 힙합이라는 장르 자체가 그 주제에 집중하는 음악이잖아요?

헤비메탈이 다 때려 부수고, 발라드가 주구장창 이별 노래만 하듯, 그런 허세 역시 힙합의 중요한 요소라는 거죠. 힙합에서 사랑과 이별, 평화를 이야기하지 않느냐고 말하는 사람도 있는데, 듣기 싫으면 안 들으면 돼요. 굳이 힙합이라는 장르를 하면서 다른 가면을 쓰고 싶지는 않아요. 다만 주제는 같아도 다른 방식의 표현을 하면 더 재미있을 것 같다는 생각인 거죠.

돈 얘기가 나왔으니까 조금 더 들어가볼게요. 음악으로 한 달에 얼마를 벌어요?

음, 뱃사공 음원 수입은 한 달에 5만원 이상이 돼야 입금이 되는데, 3만원이 찍히면 그게 이월돼서, 두 달에 6만원 정도를 버는 식이죠. 가끔 리짓군즈의 공연이 잡히면 멤버마다 나눠 갖는데, 그마저도 큰 수입은 안 되고요. 그래서 알바를 하고 있어요.

보통 음악을 하려면 돈이 얼마나 필요해요?

앨범을 내려면 큰돈이 들 테지만, 일단 공동으로 생활하는 스튜디오가 있으니까 평소에는 차비와 밥값을 합쳐서 한 달에 20만원 정도면 생활할 수 있죠. 일주일에 한 번 건물 청소 일을 하고, 힙플 라디오 방송을 하며 들어오는 돈을 합치면 한 달에 50만원 정도를 번다고 보면 돼요. 시간을 들여서 지금

보다 많은 돈을 벌 수도 있겠지만, 저는 음악을 더 하는 게 중요하거든요. 잠깐만, 그런데 50만원 액수를 얘기하는 게 너무 구질구질해 보일까요? 솔직한 건 상관없는데 안타까워 보이고 그런 건 싫거든요. 오죽하면 SNS로 국밥 사준다는 얘기까지 들은 적도 있어요. 아, 됐다. 그냥 써주세요.

비슷한 나이의 친구들이나, 혹은 요즘 방송에서 유명해진 다른 래퍼들을 보면 부럽지 않아요?

제 성격상 남을 부러워하고 그런 마음이 전혀 없어요. 남들이 잘나가고 돈도 많이 벌고 하는 모습들이 별로 신경 쓰이지 않아서 평온한데, 한편 그런 성격 때문에 조금 더 타이트하게 저를 압박하지 못하기도 하고요.

자신을 압박하지 못한다고 했는데, 뱃사공과 리짓군즈 두 개의 활동을 병행하고 있어요. 리짓군즈는 어떤 개념인가요?

뱃사공은 말 그대로 래퍼로서 제 자신의 이야기를 하는 작업이고요. 리짓군즈는 마음 맞는 친구들끼리 함께 활동하고 노는 크루예요. 저를 포함해서 블랭타임, 제이호, 재달, 비트 메이커로는 코드 쿤스트, 아이딜, 어센틱, 빅라이트, 요시. 아, 너무 많네. 사진 찍는 이동건, 영상 찍는 권오준, 카키, 음악을 하진 않지만 같이 노는 해파리와 최준환이라는 친구도 있고요. 한 회사에 소속된 것이 아니라 언제든지 떠나고 들어올 수 있는 자유로운 관계라고 할 수 있죠.

래퍼 넉살이 라디오 방송에서 리짓군즈를 '한국 유일무이의 빈티지 크루'
라고 소개했어요. 어떤 의미인가요?
그건 넉살이 농담 삼아 말을 던진 건데, 그냥 서로 옷 입는 취향이나 행동하
는 것들에 빈티지한 성향이 있어서 그렇게 말한 것 같아요. 뮤직비디오를
빈티지스럽게 찍기도 했고요. 하지만 늘 그런 음악 안에 가둬두진 않아요.

뱃사공과 리짓군즈의 음악을 비교하자면요?
뱃사공의 음악은 조금 컨트리한 분위기와 밴드적인 느낌이 있어요. 추상
적으로 얘기하자면 산울림이나 사랑과 평화 같은 밴드의 한국적 정서와 닮
았다고 할까요. 그걸 힙합으로 어떻게 담아낼지 고민 중이고요. 리짓군즈
는 아무거나 다 할 수 있는 놀이터 같아요. 색깔이 없는 게 색깔이에요. 어
떤 건 록 음악을 기반으로 하고 어떤 건 붐뱁, 또 어떤 건 키치한 트랩 느낌
도 있고요. 심각하게 곡을 만들 때도 있지만 대부분은 장난치며 재미있게
만드는 경우가 많아요.

**출항한 지 3년이 지났어요. 아직 끝을 이야기하기에는 이르지만, 뱃사공의
배가 마지막으로 닻을 지점은 어딘가요?**

미래에 대해 딱히 진지하게 생각하는 편이 아니에요. 최종 목표를 생각하
기보다는 졸리면 자고, 눈 뜨면 살아요. 일어나서 어제 하다 멈춘 걸 이어서
하고 완성되면 내놓죠. 밥 먹고 세수하듯이 음악 해요. 하지만 어제 묻은 비
누를 닦는 게 아니고 매일매일 새로운 메이킹을 하니까 훨씬 재미있죠.

매일매일 흘러가듯 항해할 뿐이다.
원래 큰 야망이나 포부를 품는 성격이 아니에요. 물론 사람들의 환호가 있
으면 좋죠. 하지만 아주 큰 꿈이 아니어도 괜찮다고 생각해요. 저는 이미
제가 만든 꿈속에 살고 있어요. 음악 하는 사람요. 남들은 제가 저녁으로
매일 편의점 샌드위치와 삼각김밥 먹는다고 가볍게 여기는데, 저는 단 한
번도, 0.1초도 제가 불쌍하다고 생각한 적이 없어요. 오히려 다이어트도
돼요. 너무 불편하지도, 미친 듯 행복하지도 않은 상태. 물론 직업이니까
스트레스도 받겠지만 지금이 좋아요.

오래했으면 좋겠어요.
감 떨어지면 그만둬야죠. 그게 몇 년 뒤가 될지는 모르겠지만 지금은 하루
하루 즐겁게 음악 하는 거고요.

뱃사공을 만나기 전 '출항사'를 백 번쯤 들었다. 지코나 도끼만큼 화려하거나 신나지 않아서 그냥 틀어만 두었는데, 어느 순간부터는 나도 모르게 고개를 끄떡거리게 됐다. 너무 아래로, 또는 너무 위로 솟아오르지 않는 보통의 리듬감. 그건 아주 뜨겁지도 차갑지도 않은 물 같아서 오래 귀를 담가도 부담이 없었다. 백 번을 들어도 괜찮은 노래라는 것. 뱃사공이 그의 속도대로 아주 오래 항해했으면 좋겠다.

이토록 젊어서 이다지도 유쾌하게

마이크임팩트

젊음을 이해하는 건 어쩐지 어렵다. 어수룩하고 서툴고 근사하지 않고 가난하고 찌질하고 부족하다. 젊음으로 하루를 벌어가는 이들에게 가장 필요한 것은 무얼까. 그건 아마 '말'일 것이다. 어깨에 짊어진 무게를 나누고, 흠집 난 마음을 다독여주는 말. 불확실과 불안이 비집고 들어올 틈을 꽁꽁 싸맬 수 있는 문장들. '마이크임팩트'는 젊음이 가진 힘을 북돋고 잠재된 긍정성을 더욱 끌어 당기기 위해 말이 오가는 자리를 만들었다. 다정하고 따뜻한 말의 위로를 주고받으면서 젊음은 그렇게 단단해진다.

말을
처방해 주세요

청춘靑春! 이는 듣기만 하여도 가슴이 설레는 말이다. 청춘! 너의 두손을 가슴에 대고, 물방아 같은 심장의 고동鼓動을 들어보라. 청춘의 피는 끓는다. 끓는 피에 뛰노는 심장은 거선巨船의 기관汽罐과 같이 힘있다. 이것이다. 인류의 역사를 꾸며 내려온 동력은 바로 이것이다. 이성은 투명하되 얼음과 같으며, 지혜는 날카로우나 갑 속에 든 칼이다. 청춘의 끓는 피가 아니더면, 인간이 얼마나 쓸쓸하랴? 얼음에 싸인 만물은 얼음이 있을 뿐이다. 그들에게 생명을 불어넣는 것은 따뜻한 봄바람이다. 풀밭에 속잎나고, 가지에 싹이 트고, 꽃 피고 새 우는 봄날의 천지는 얼마나 기쁘며, 얼마나 아름다우냐? 이것을 얼음 속에서 불러내는 것이 따뜻한 봄바람이다. (중략) 이상! 우리의 청춘이 가장 많이 품고 있는 이상! 이것이야말로 무한한 가치를 가진 것이다. 사람은 크고 작고 간에 이상이 있음으로써 용감하고 굳세게 살 수 있는 것이다.

‒ 민태원, 《청춘예찬》 중에서

사전적 의미로 '청춘'은 '만물이 푸른 봄철'이라는 뜻으로 10대 후반에서 20대에 걸치는, 인생의 젊은 나이 또는 그 시절을 말한다. 하지만 젊은이들 뒤에 여러 이름표와 꼬리표가 붙으면서 단어에서 풍기는 기운이 부정적으로 변하기 시작했다. N포세대, 88만원 세대, 흙수저, 달관세대, 민달팽이족 등 그들이 갖고 있는 것과 가지지 못한 것을 경계로 짊어진 짐의 무게와 고민과 아픔이 그대로 느껴진다. 사람들은 젊기 때문에 할 수 있는 일은 뒤로하고, 젊다는 이유로 간과한 것은 없는지 조급함에 두려움을 먼저 생각하기 시작했다. 그때부터였다. 청춘의 본질을 회복하고 목적과 꿈의 다양성을 지켜주는 것, 난관에 굴복하지 않는 시대정신을 응원하는 일이 마이크임팩트Micimpact에서 시작된 것이다. 누군가 관철시킨 삶을 따르는 게 아니라 자신의 내면에 집중하고 귀 기울여서 살고 싶은 방향을 고민해보기 위해, 그들은 '말의 전달'을 선택했다. 젊은이에게 지금 가장 필요한 것은 아마 조언이고 다독임일 것이다. 이대로 지내도 아무런 문제가 없음을, 조급해하지 않아도 그것만으로도 충분하다는 것을 누군가 단호하고 우직한 말로 전해주길 바랄 것이다. 이러한 갈증을 바탕으로 마이크임팩트는 강연과 연설을 중심으로 한 축제를 열었다. 다정하고 온화한, 말의 처방이 자리한 곳이 문을 열어 사람들을 반기기 시작한 때였다.

하고 싶은 거
할 수 있나요?

"얼마 전, 노홍철 씨가 하는 라디오를 우연히 들었는데 클로징 멘트를 듣고 너무나 감동받았어요. "여러분, 하고 싶은 거 하세요." 저는 그 말이 너무 감동적이고 눈물이 핑 돌았어요. 진짜 여러분, 우리는 낭만적으로 살아야 할 필요가 있어요. 여러분의 아름다운 젊음을 올지 안 올지 모르는 미래 때문에 혹사시키지 마세요. 오늘이 제일 중요하고 제일 소중한 날이에요. 내일보다 더."
— 〈청춘페스티벌2014〉, '요조'의 말 중에서

마이크임팩트는 강연 지식 사업을 개척하며 강연의 긍정적인 힘을 믿었다. 국내외 연설가와 함께 강연 문화를 콘텐츠화할 수 있었고, 참신하고 새로운 강연 형식을 취했다. 불투명한 미래에 답답해하며 방황하는 20대에게 어른들의 이야기는 어떤 따뜻한 손처럼 느껴진다. 길을 안내하는 손, 푹 안아주는 손, 인사하는 손. 여러 말들이 모여 손이 되는 풍경이다.

강연의 핵심은 '공감'과 '친근함'에 있다. 아무리 유익하고, 지적인 강연을 해도 청중들의 공감이 떨어지면 그 강연에 대한 기억은 오래가지 않기 때문이다. 그래서 유명인을 섭외하는 것은 마이크임팩트의 전략이기도 하다. 평소에 좋아하던 연예인을 보러 왔다가 다른 연사의 말에 공감하고 감동하는 사람들도 적지 않다. 누군가의 이야기를 접하는 문턱이 낮아지고, 사람 간의 사이는 더욱 가까워진다. 평소 친근하게 생각했던 연예인이 어디서도 꺼낸 적 없던 진솔한 이야기를 꺼낼 때, 그 울림은 더욱 크게 다가온다. 마이크임팩트의 페스티벌들은 단순히 연사의 가치관과 생각을 전달하는 전통적인 강연의 틀에서 많이 벗어났다. '먹고, 놀고, 즐기자'라는 모토에 충실하면서, 의자에 앉아서 오랜 시간 듣는 일방적인 강연이 아닌 돗자리에서 편하게 쉬면서 강연, 음악, 퍼포먼스, 연사와 직접 주고받는 Q&A, 음식까지 즐길 수 있다.

연사는 쉽지 않은 이야기를 꺼냈고, 청중은 그것을 가볍지 않게 받아들인다. 이야기 하나로 단단한 유대감을 갖고, 일면식 없는 이들과도 가까워질 수 있는 자리고 공간이 되는 것이다. 그렇게 열린 마음은 쉽게 무르지 않고, 뻣뻣해지지도 않는다.

그것 만으로도
충분합니다

마이크임팩트에서 진행하는 여러 행사를 둘러 보면, 남녀노소 모두에게 선한 모임이라는 것을 알 수 있다. 젊은이에게 힘을 건네지만, 그것이 온 세대를 아우르는 기운이 되고 에너지로 축적된다. 하지만 단순히 듣기 좋은 말과 흥거운 음악, 유난히 기분이 좋은 이들만 모이는 자리로 끝이 나는 게 아니다. 선순환을 끌어내고 사람들이 긍정적인 생각으로 선회할 수 있는 일들을 꾸려내기 시작했다.

마이크임팩트가 '세상을 바꾸는 이야기'라는 근본적인 모토를 실현하기 위해서는 페스티벌에 참여하지 않는 사람들과 사회적 약자, 소수 계층에게도 의미 있는 메시지를 전하고 싶었다. 〈청춘 아레나〉는 '소셜 축제'라는 의미를 실천하기 위해 티켓 수익의 일부를 결식아동들에게 기부하기도 했다. 만 명 이상이 모이는 페스티벌의 경우, 환경 오염을 최소화하기 위해 페스티벌 장내에 일회용품 반입을 금지하기도 했다. 역삼의 '마이크임팩트 스튜디오'는 청년창업 지원센터로 코워킹스페이스를 운영하고 있다. 실제로 스튜디오를 이용하는 사람들이 창업 아이템에 도움받을 수 있도록 기업 1:1 멘토링, 인사 노무, 법률 관련 강의를 진행하기도 한다.

세상을 구원하는 것은 무얼까. 그건 이야기다. 60억 인구의 각기 다른 경험, 천차만별의 생각, 머나먼 곳의 지리멸렬했던 일들. 몇몇 단어와 문장을 조합해서 하나의 이야기가 탄생했고, 사람들은 그것으로부터 생각을 바꾼다. 힘을 얻기도 하고, 조금 더 인내하는 방식을 깨닫기도 하고, 미워했던 가족들을 사랑하기도 한다. 살아가는 게 고역처럼 느꼈던 이들에게 아마 힘이 되는 이야기는, 하나의 커다란 희망이지 않았을까. 마이크임팩트 주변으로 수많은 이야기가 모인다는 것은, 그러니까 여러 갈래의 희망이 모인다는 의미이기도 하다. 우리는 매 순간, 이야기로 구원받으니 말이다.

SIMPLE IS
THE BEST

8/9

마이크임팩트의
세상을 바꾸는 프로젝트

그랜드 마스터 클래스 | 빅 퀘스천

〈그랜드 마스터 클래스〉는 국내외 석학들의 철학과 통찰을 한자리에 담고 있는 아시아 최고의 생각 축제이다. 질문이 아닌 답만을 찾는 우리에게, 스스로 질문을 던지는 특별한 생각을 선물한다. 2017년에는 '오래된 미래'를 테마로 리처드 도킨스, 정재승, 은희경, 조국 등과 함께 변화하는 복잡한 현상들 속에서도 변하지 않을 것들을 나누었다.

청춘 페스티벌

한국에는 사회적인 시간이 있다. 대학을 가야 할 시기, 결혼할 시기, 취직할 시기, 첫째를 낳을 시기, 둘째를 낳을 시기. 이 시기를 거치고 나서야 내 방향을 가르는 질문들이 멎는다. 나의 중심에 언제부터 타인을 들여놓은 걸까. 타인의 판단은 흐르는 의견일 뿐 고정된 잣대로 여겨선 안 되는 것이다. 우리 모두의 조급함을 없앨 주문을 거는 시간이다. "어떻게든 되겠지!"

원더우먼 페스티벌

여자라는 이름 위로 정해진 프레임은 여성들을 끊임없이 옥죈다. 우리는 조금 더 자유로워질 필요가 있고, 조금 더 '1인칭 맞춤'을 요구할 줄 알아야 한다. 동시대를 살아가는 여성들의 진솔한 고민을 나누며 조금 더 건강하고, 엉망진창이고, 소란스럽고, 즐겁고, 재미있는 삶을 찾도록 돕는다. 2017년에는 'Already Awesome'이라는 주제로 자기만의 매력을 찾고 사랑하는 이야기를 나누었다.

청춘 아레나

다른 사람들은 좋은 일을 잘 해나가고, 좋은 곳에 자주 가고, 행복한 삶을 위해 많은 것을 고민하는데 어쩐지 나만 뒤처지는 듯한 느낌에 사로잡힐 때가 있다. 초라한 내 모습을 발견하고 지지부진한 속도를 책망하게 될 때면, 나의 보폭을 인정할 줄 아는 긍정이 필요하다. 〈청춘 아레나〉가 사람들에게 전하고 싶은 말은 단 하나다. '다들 그렇게 산대.'

어느 날 단어가 말했다

한 해를 정리하는 방법

이건 2017년 연말부터 시작되었던 질문과 답변이다. 한 해를 정리하며 그 사람에게 2017년은 어떻게 기억되고 있을까, 궁금했다. 드라마 〈도깨비〉의 뜨거운 열풍으로 다들 무언가를 할 때마다 날이 좋아서, 좋지 않아서라고 덧붙었고, 대통령이 바뀌었으며, 바다 밑에 꽁꽁 숨겨져 있던 세월호가 머리를 내밀었다. 오늘밤 주인공이 '나'라는 청년들을 보면서 많은 사람들이 뜨겁게 환호했고, 최저임금은 7530원으로 결정되었다. 지진과 함께 처음으로 수능이 연기되는 장면을 목격했으며, 전자 화폐로 일확천금을 꿈꾸는 사람들도 있었다. 여느 해와 다르지 않게 다사다난했고, 여느 해와 다르게 빼곡히 쌓인 저마다의 의미가 있었다. 시간은 똑같이 흘러갔을 뿐인데 어쩐지 한 해를 갈무리하는 것이 쉽지 않다. 이 남은 여운을 정리하는 의식을 치렀다. 당신의 2017년을 나타내는 하나의 단어는 무언가요?

에디터·포토그래퍼 **이자연**

영화 기자 | 이지혜

2017년을 표현하는 단어 페미니즘. 2017년은 그 어느 때보다 페미니즘이 가장 활발히 발화되고 읽혔던 해였어요. 페미니즘 소설 《82년생 김지영》은 작년 한 해, 두 번째로 많이 팔린 도서였고, '#METOO' 같은 해시태그 운동을 비롯해 일상 속에서 페미니즘이 가시화되었죠. 저 역시도 많은 영향을 받았고요.

가장 먼저 떠오르는 일화 2017년 여름부터 겨울까지, 온스타일 〈뜨거운 사이다〉에 MC로 출연했어요. 여성의 시선으로 사회에 대해 이야기하는 토크쇼이다 보니 페미니즘, 여성 혐오, 성폭력 같은 이슈를 다뤘는데요, 회가 거듭될 때마다 달라지는 녹화장의 분위기가 기억에 남아요. 초등학교 교실까지 오염시킨 여혐과 직장 내 성폭력의 악랄한 사례를 공유할 때마다 한숨 소리가 가득했던 공기는 마지막 회에 이르러서는 어떤 확신으로 변했어요. 프로그램 초반만 해도 페미니즘에 큰 관심이 없던 코미디언 김숙 씨는 "전과 다르게 요즘 모든 게 너무나 불편하지만 이전으로 돌아가고 싶진 않다."며 앞으로 공부를 계속하겠다고 결심하기도 했죠. 페미니즘을 함께 이야기하고, 공부하는 여성들의 연대를 확인한 것 같아 마음 든든해지는 순간이었어요.

그 단어를 말해주고 싶은 사람 오늘도 일하고, 공부하고, 나답게 살기 위해 분투하는 모든 여성들. 특히 사회에 이제 막 발을 내디딘 20대 여성들에게 말해주고 싶어요. 저 역시 첫 직장에 입사했을 때 행사에서 여자만 음식을 나르고, 월급이 남자 동기와 다른 것에 대해 불쾌했지만 항의하지 못했어요. 하지만 사회생활을 하면서 나를 불편하게 만드는 것의 정체를 알게 되었고, 그것을 표현할 언어 또한 페미니즘을 통해 배웠죠. 물론 당장 공고한 남성 중심 사회를 단번에 바꿀 순 없을 거예요. 페미니즘은 만병통치약이 아니니까요. 하지만 쉽게 변하지 않을 세상에서 나 자신을 잃지 않을 좋은 길잡이가 될 것만은 분명합니다. 지치지 않고 상황을 개선해나가길 원한다면 페미니즘은 당신의 가장 든든한 동료가 될 거예요.

그 단어의 반대말 혐오. 모든 사람이 젠더에 따라 차별받지 않는 상태를 추구하는 페미니즘에 정확히 대척점에 있는 것이 혐오예요. 그것은 여성에 대한 것일 수도, 성 소수자나 외국인 노동자, 아이에 대한 것일 수도 있어요. 각기 다른 대상을 향하는 것 같아 보이지만 혐오가 향하는 곳은 늘 같아요. 바로 사회의 약자들이죠. 가장 약한 계층을 착취하려는 혐오의 감각은 어느 사회든 발달했지만 한국에서 여성을 향한 혐오는 아주 뿌리깊고, 강력해요. 남아 선호로 인해 여성은 날 때부터 페미사이드의 생존자이고, 생애 전반에 걸쳐 언어적·물리적 성폭력을 경험해요. 이 혐오와 폭력의 고리를 끊는 데에 페미니즘은 시작이자 끝이 될 것이라고 믿어요.

긍정적 혹은 부정적 긍정적. 뿌리깊은 남성 중심주의는 아이들이 즐겨 보는 BJ의 채널에서, 성폭력이 만연한 사무실에서 여성들을 혐오하고, 평가 절하했지만 페미니즘은 우리를 더 이상 침묵하지 않게 했어요. 여성들은 성폭력을 고발하고, 목소리를 낸 피해자를 위해 나섰죠. 〈매트릭스〉에서 빨간 약을 먹은 '네오'가 진짜 세상을 만난 것처럼, 페미니즘이라는 빨간 약을 먹은 여성들은 더 이상 과거로 돌아갈 생각이 없어요. 2018년에도 젠더와 페미니즘은 중요한 이슈일 테고, 여성뿐만 아니라 남성 또한 바꿀 거예요.

단어를 마주하는 책 《나쁜 페미니스트》. 페미니즘을 나의 일상률로 삼겠다고 결정한 후 많은 여성들이 종종 빠지는 함정은 완전무결해야 한다는 것이에요. 저 역시도 그랬고요. 좋아했던 영화나 드라마에서 여성 혐오적인 표현을 발견한 뒤에는 아예 그것과 담을 쌓아야 하거나 그렇지 못했을 때에는 스스로를 자책하죠. 성차별적인 상황을 쉽사리 해결하지 못할 때도 자신을 한심하게 느끼기도 하고요. 그러나 《나쁜 페미니스트》는 그러한 부담을 떨쳐버리라고 말해요. "나는 나를 따라다닐 나쁜 페미니스트라는 꼬리표를 환영한다. 왜냐하면 나는 인간이니까. 그래서 엉망진창이니까. 누군가의 본보기가 되려고 애써 노력하지 않는다. 내가 모든 해답을 갖고 있다고 말하지 않는다. 나는 그저 내가 믿고 있는 것을 지지하고, 이 세상에 뭔가 도움이 될 만한 일을 하고, 온전히 나 자신으로 남고 싶을 뿐이다." 페미니즘을 추구한다고 해서 우리가 '진짜' 페미니스트이며 '진정한' 여성이라는 것을 매순간 증명할 필요는 없어요. 누구도 그것을 평가할 수도 없고, 그렇게 둬서는 안 되죠. 그저 매일 페미니스트로서 내가 옳다고 믿는 것을 조금씩 실천하는 것, 그것이면 충분합니다.

일러스트레이터 | 설찌

2017년을 표현하는 단어 오늘
가장 먼저 떠오르는 일화 작년 어느 날 외할아버지의 건강이 악화되었다는 연락을 받았어요. 저를 기억 못 할 수도 있을 거라고 하셨죠. 눈앞이 캄캄해진다는 말의 의미를 이날 처음 알았어요. 그때부터였어요. 오늘 행복해질 수 있는 일을 여러 핑계로 내일로 미루고 있었다는걸요. 그래서 바로 표를 예매해서 부모님과 시간을 맞춰 할아버지 댁으로 갔어요. 할아버지께서는 계속 고맙다는 말만 하셨어요. 그리고 우리는 노을 지는 분홍빛 하늘에 대해 이야기를 나눴죠. 아직 초록색인 은행잎에 대해서도요. "작년에 왔을 때는 잎이 노란색이었는데 올해는 아직 초록색이네요, 할아버지." 할아버지는 "이번엔 여름이 늦게 가고 싶었나 보다. 분홍 하늘이 참 예쁘네." 하시며 팔짱 낀 저와 걸음을 맞추며 걸었어요. 짧은 대화였지만 할아버지와 제가 이렇게 대화해 본 적도 별로 없었다는 걸 새삼 깨달았어요. 저는 그때의 '오늘'이 참 행복했어요. 그날부터 사소한 오늘의 행복을 놓치지 말아야겠다고 생각했죠.
그 단어를 말해주고 싶은 사람 쑥스러워서 오늘 "사랑해"라고 말하지 못하는 사람들에게요. '내일 해야지, 내일 해야지.' 하다 보면 2028년이 되어 있을 거예요.
그 단어의 반대말 내일. 내일이 오기 전에 내 사람에게 따뜻한 말 한마디 건네보세요.
긍정적 혹은 부정적 저에게 오늘은 늘 긍정적이에요. 기쁜 오늘, 슬픈 오늘, 화나는 오늘, 외로운 오늘들이 지나고 지금의 제가 있는 거니까요. 지나간 오늘들에 감사해요.
단어를 마주하는 책 제 취미는 그림책을 수집하는 것이에요. 최근에 데려온 책 중에 《숨어있는 그림책》이라는, 글이 하나도 없는 책이 있어요. 액자에서 빠져나온 새가 편지를 전달하는 여정을 아침부터 저녁까지 시간 변화에 따라 전개한 작품인데요, '사랑이 담긴 편지를 전달하기에 오늘 하루는 충분한 시간이다.'라는 메시지를 담고 있어요.

당인리책발전소 운영자, 방송인 | 김소영

2017년을 표현하는 단어 자유
가장 먼저 떠오르는 일화 다니던 회사를 퇴사하게 되었는데, 원래 계획한 일은 전혀 없었어요. '올해(2017년)의 내가 아무것도 할 수 없겠구나, 그래도 괜찮아.'라고 생각했는데, 정신을 차려보니 책방 주인이 되어 있네요!
그 단어를 말해주고 싶은 사람 지금 어디로 가야 할지 정말 모르겠어서, 주저앉아 있는 사람들요. 저도 그랬거든요.
그 단어의 반대말 음, 체념이요. '희망을 버리고 단념하는 마음'. 사실 저는 자유로운 삶을 선택할 자신이 없었을 때나 도전이 두려웠을 때, 여러 가지를 미리 체념하려고 했던 것 같아요. 내가 여기서 뭘 더 할 수 있을까, 욕심을 버리고 이것도 저것도 내려놓자고 하면서요. 말이야 쿨했지만 결국 더는 꿈꾸지 않으려고 했던 거였죠.
긍정적 혹은 부정적 아무래도 긍정적이죠. 새해에는 제가 좋아하는 일을 하고 싶다고 생각했는데, 조금은 이뤄지고 있는 것 같아요.
단어를 마주하는 책 임경선 작가의 《자유로울 것》이라는 책을 말하고 싶어요.
"누가 문득 내게 물었다. "행복하게 지내려면, 어떻게 해야 할까요?" (중략) 얼마 전 우울감을 겪으며 알게 되었다. 행복이란 얼마큼 행복한 일들이 내게 일어날까, 라는 객관적인 조건의 문제가 아니라 내가 그것을 행복으로 느낄 수 있을까, 라는 주관적인 마음의 상태로 결정된다는 것을. 이제는 행복감을 느끼는 일이, 안일한 위로를 향한 도피가 아닌 엄청난 재능임을 안다. 그것은 사실 이것이 있어서 행복하다가 아니라, 이것이 없어도 행복하다고 느낄 수 있는 능력이기 때문이다."

아뜰리에15구 대표 | 최연정

2017년을 표현하는 단어 시작

가장 먼저 떠오르는 일화 8년 동안 몸담고 있었던 레스토랑 문을 닫고 새로운 일을 시작했어요. 프렌치 요리를 가르쳐주는 아뜰리에 문을 연 지 딱 일 년이 된 것 같아요.

그 단어를 말해주고 싶은 사람 같이 일하고 있는 친동생이요. 저희는 레스토랑부터 지금까지 둘이서 하고 있거든요. 책도 마찬가지고요. 집으로 돌아가는 시간을 빼고는 온종일 같이 있어요. 매번 싸우고 화해하고 이 시간을 반복하지만 떼려야 뗄 수 없는 관계예요.

그 단어의 반대말 정체. '프렌치' 분야에서 일을 하고 있지만 레스토랑의 경우 몇 달 동안 같은 메뉴가 나가거나, 어떤 메뉴가 인기가 있으면 가게 문을 닫을 때까지 똑같은 메뉴로 유지를 해야 해요. 그래서 쳇바퀴 굴러가듯 일을 할 수밖에 없죠. 어쩌면 제 핑계일 수도 있겠네요(웃음). 레스토랑을 그만두고 수업을 시작하니까 남에게 나의 지식을 알고 있는 범위에서 알려주게 되었어요. 그래서 정체되어 있거나 받아들이지 않으면 안 돼요. 그래서 반대말로 '정체'를 골랐어요. 시작했으면 앞으로 한 계단 한 계단 발전해야 할 것 같아요. 나를 위해서 그리고 아뜰리에를 위해서도요.

긍정적 혹은 부정적 너무나 긍정적이에요. 가끔 불안할 때도 많아요. 자신감이 가득 차다가도 어느 순간 또 잘못 생각을 하면 불안감에 휩싸일 때도 있더라고요. 그래도 아직 시작하는 단계고 차근차근 밟아가는 단계이기 때문에 수정도 할 수 있어요. 많이 받아들일 수도 있고요. 최대한 많은 것을 부정하지 않고 받아들일 생각이에요. 저는 받아들이는 것에 대해서 아주 보수적이라서 실패와 쓴맛을 많이 봤죠. 그런 단계를 또 밟고 싶지 않아요. 그래서 '시작'이라는 단어가 무척 가슴 떨리고 행복한 말이에요.

단어를 마주하는 책 김화영 교수님의 《행복의 충격》이요. 이 책은 제가 가장 좋아하는 책이에요. 마음이 흐트러지거나 생각이 복잡할 때 아무 페이지나 펼쳐서 읽는 책이죠. 생각할 수 있는 구절이 많아서 줄도 많이 그어져 있어요. 그 글귀만 읽어도 행복해지죠. "생명이 간직하는 것은 오직 새로이 시작하는 현재, 오직 영원한 현재뿐임을."

작가 | 장우철

2017년을 표현하는 단어 눈®입니다.

가장 먼저 떠오르는 일화 늘 눈이 오길 바랐어요. 눈이 오는 계절이든 오지 않는 계절이든 상관없이 여기로 눈이 내려서 보이는 모든 것들이 파묻히길 바라면서요. 농담이 아니에요. 튼튼한 방수 바지와 장화를 사두었고, 그럴 수 있다면 눈 속에서 과일을 먹거나 무슨 냄새를 맡아보고 싶었죠. 블라디보스토크와과 나가노현, 강원도의 날씨를 자주 검색했죠. 그리고 12월 18일 아침 서울에 함박눈이 내렸을 때, 저는 용산역 플랫폼에 있었어요. 그 기분을 자주 떠올리곤 해요.

그 단어를 말해주고 싶은 사람 딱히 이렇다 말해주고 싶지 않아요. 그저 혼자 간직할 일쯤 아닌가 싶어요. 어쩌다 말하게 된다면 그 순간의 분위기나 리듬을 따르게 되겠죠.

그 단어의 반대말 지금 생각해본 건데, 일본어로 '나츠메夏目'라는 발음은 항상 제게 어떤 이미지를 던지곤 해요. 그 이미지가 매번 다르다고 할 수도 있을 테니까요. '여름 하' 자에 '눈 목' 자이니, 겨울과 눈에 대해 어떤 입장을 취하는 것도 같고요. 도쿄의 여름을 도쿄의 겨울만큼이나 좋아해요.

긍정적 혹은 부정적 어떤 단어에 대해 얘기하는 중이니까 이렇게 말해도 되겠죠. 긍정과 부정이라는 단어를 여기서만큼은 거절하고 싶어요. 눈을 생각하건대, 그 말은 전혀 어울리지가 않는 것만 같아서요.

단어를 마주하는 책 황인찬의 첫 시집 《구관조 씻기기》가 생각나요. 어떤 구절이라기보다, 그 시집이 제게는 더하거나 덜하거나 온통 '흰' 것들이 추는 춤이 아닌가 싶거든요. 백자든 화이트 진이든 그것들의 그림자든 간에 말예요. 언제나 겨울이면 들추고 싶은 책이에요.

2017년을 표현하는 단어 괜찮아.

가장 먼저 떠오르는 일화 아주 사소한 실수를 했었어요. 별일도 아니었는데 그 실수를 한 내가 너무 끔찍하게 싫었죠. 이 정도 작은 실수를 용납하지 못하는 제가 이중으로 싫더라고요. 그때의 나에게 "괜찮아."라고 말해주지 못한 게 두고두고 마음에 걸려요.

그 단어를 말해주고 싶은 사람 일단 나에게 자주 얘기해주고 싶어요. 왜냐하면 저는 자주 불안해지곤 하거든요.

그 단어의 반대말 "망했다." 괜찮지 않으면 망했다고 생각하는 거 같아요. 사실 그 사이에 무수히 많은 그저 그런 것들이 있는데 말이에요.

긍정적 혹은 부정적 부정을 딛고 일어선 긍정이라 생각해요. 힘든 일이 없었다면 괜찮다고 다독일 필요도 없으니까요.

단어를 마주하는 책 뻔뻔스럽지만 제 책 《어차피 내 마음입니다》를 추천하고 싶어요. "잘하는 것은 당연한 게 아니다. 그 걸 당연하게 생각하는 순간 인생이 끝도 없이 피곤해진다."라는 구절을 기억하려 해요.

《어라운드》에디터 | 이현아

2017년을 표현하는 단어 농담
가장 먼저 떠오르는 일화 저는 농담을 잘 못 하는 사람이에요. 거짓말도, 연기도 좀 어설퍼요. 농담을 잘 하는 사람을 만나 오랜 시간 나도 그런 척 연기를 해왔죠. 농담이 영원히 지속될 것처럼 사는 것도 나름대로 즐거웠지만, 연기를 오래 하다 보니 진짜 마음을 말하기 어려워졌어요. 그래서 친구를 잃었죠.
그 단어를 말해주고 싶은 사람 없어요. 이제 좋아하는 사람에게는 농담을 하고 싶지 않아요.
그 단어의 반대말 사탕. 저에게 농담을 알려준 사람에게서 처음으로 받은 편지가 떠올라요. 그 안에 사탕에 얽힌 이야기가 있었죠. 그건 농담이 아니어서, 읽을 때마다 울게 돼요.
긍정적 혹은 부정적 긍정적이지도 부정적이지도 않아요.
단어를 마주하는 책 밀란 쿤데라의 《농담》에는 이런 말이 있어요.
"사실상 내가 한 여자에게서 좋아하는 것은 그녀 자체가 아니라 그녀가 내게 다가오는 방식, 〈나에게〉 그녀가 의미하는 그 무엇이다. 나는 한 여자를 우리 두 사람의 이야기의 등장인물로서 사랑한다. 햄릿에게 엘시노어 성, 오필리아, 구체적 상황들의 전개, 자기 역할의 〈텍스트〉가 없다면 그는 대체 무엇이겠는가? 무언가 알 수 없는 공허하고 환상 같은 본질 외에 그에게 무엇이 더 남아 있겠는가? 마찬가지로 루치에도 오스트라바의 변두리가 없다면, 철조망 사이로 밀어 넣어 주던 장미, 그녀의 해진 옷, 희망 없던 내 오랜 기다림이 없다면, 내가 사랑했던 루치에가 더 이상 아닐지도 모른다."

바리스타 | 정성문

2017년을 표현하는 단어 민주주의

가장 먼저 떠오르는 일화 대통령선거요. 민주주의에서 선거와 투표를 빼놓을 수 없고, 또 제가 투표한 대통령 선거 중 처음으로 당선된 경험이었거든요.

그 단어를 말해주고 싶은 사람 외국의 젊은이들이요. 특히 공화정에서 다시 독재국가로 역전된 나라에 있는 젊은 친구들에게 말해주고 싶어요. 세계사적으로도 촛불 민주주의가 정말 의미 있는 혁명이었다고 생각해요. 아마 그들에게 희망이 되지 않을까요?

그 단어의 반대말 무관심이요. 민주주의의 반대말은 '독재'지만 그 독재를 만드는 것은 국민들의 무관심이라고 생각하거든요.

긍정적 혹은 부정적 긍정적이죠. 시민들의 적극적이고 자발적인 의사 표현을 통해 헌법정신을 훼손시킨 대통령을, 헌법의 절차대로 끌어내렸으니까요.

단어를 마주하는 책 최규석 작가의 만화《100도씨》는 1987년의 '6월항쟁'에 관한 책이에요. 만화라 쉽게 읽히지만 그 어떤 소설이나 역사서에 비견해도 손색없는 깊이를 지녔어요. 이 책을 읽고 올해를 다시 되돌아보면 감회가 새로울 것 같아요. 그중에 이런 구절이 있어요. "한 사람의 열 걸음보다 열 사람의 한걸음."

위트앤시니컬 운영자, 시인 | 유희경

2017년을 표현하는 단어 2017년 한해 내내 사람을, 사람과 사람 사이를, 그사이의 의미를 생각했어요. 그러니 '사람'을 꼽으려 합니다.

가장 먼저 떠오르는 일화 서점을 열어 내내 사람을 만났어요. 그들과 이야기를 했고요. 멀리서 또 가깝게 사람의 이야기들을 들었어요. 어떤 이야기는 차마 듣기 어려웠고, 어떤 이야기에선 희망을 품었죠. 어찌되었든 사람의 이야기였어요. 싸움도, 불편과 어색도, 화해의 가능성도 모두 사람의 일이라고 믿고 싶어요. 나도 대상도 사람이니까 믿음이, 가능한 것이라고 생각해요.

그 단어를 말해주고 싶은 사람 누구에게 전할 수 있을까요. 이 단어는 우리 모두가 알고 있어요. 동시에 누구도 모르고 있고요. 그리고 우리 모두가, 멸종하기 전까지 내내 배우려고 노력해야 할 거예요.

그 단어의 반대말 사람의 반대말은 절멸이에요. 사람을 포기하기에, 우리는 너무 멀리 왔어요. 너무 많은 것들이 희생당했죠. 이제는 믿는 도리밖에 없는지도 모르겠어요.

긍정적 혹은 부정적 글쎄요. 희망적이기엔 아득하고, 절망적이기엔 막막하네요. 과제라고 할까요. 책무라고 할까요. 어느 쪽이든 고민해야 할, 남은 일입니다.

단어를 마주하는 책 《사람과 사람 사이의 신호》. 시인 황지우의 산문집이에요. 이제는 절판되어 구하기 쉽지 않지만, 책을 구하기 위해 노력해야 하니 매력적이지 않을까 싶어요. "나는 다른 사람에게도 나와 비슷한 혹은 전혀 다른 마음이 있다는 것을 알게 된다. 어쨌든 나와 다른 사람은 뭔가 서로 통했다."

단어로 만든 장면

소설가의 묘사법

'묘사'는 인물의 행동이나 상태를 눈에 보이듯 그려내는 방식을 말한다. 여기 각
기 다른 여섯 개의 소설 속에서 묘사의 대가들은 어떤 색깔의 그림을 그려냈을까?

에디터 김건태

우륵은 금을 무릎에 올렸다. 오른손 검지로 버팀목 너머의 줄을 뜯었다. 맨 윗줄이었다. 맑은 소리가 솟았다. 소리는 난데없었다. 둥글고 단단한 소리였다. 폭은 좁았지만 속이 꽉 차 있었다. 소리의 꼬리가 사라졌을 때, 우륵은 맨 아랫줄을 뜯었다. 넓은 소리가 울렸다. 소리는 성글어서 넉넉했다. 소리는 튕기지 않고 스몄다. 넓은 소리는 퍼지듯이 사라졌다. 소리가 사라지자 금은 다시 깊은 잠에 빠진 듯싶었다. / 우륵은 오른손으로 줄을 튕겼다. 솟구친 소리가 거의 사라져갈 때를 기다려, 우륵은 왼손으로 버팀목 아래쪽의 줄을 눌렀다. 천천히 누르다가 손가락에 힘을 주어 지그시 눌렀다. 여린 무늬들이 낮게 퍼졌다. 우륵은 다시 줄을 튕겼다. 팔에 힘을 풀고 왼손 검지로 줄을 누르고 또 놓았고 다시 눌렀다. 소리의 무늬가 여울지면서 굽이쳤다. 다시, 우륵은 줄을 튕겼다. 소리가 솟구치자마자 왼손으로 줄을 누르고 또 놓았다. 소리는 급히 꺾이면서 가파른 모퉁이를 돌아 저편으로 몰려나왔다. 힘주어 줄을 누르자 무늬는 지워졌고, 금은 고요했다.

현의 노래 | 김훈 | 문학동네

소리가 형태를 갖고 스스로 춤춘다

한때 김훈의 문장을 두고 소설의 문장과는 거리가 멀다는 평가가 있었다. 30년간 기자 생활을 한 탓에 문장이 건조하고 또 건조해서, 그 자체로 어떤 맛이나 향을 느낄 수 없기 때문이었다. 하지만 수사나 기교를 배제한 문장, 그러니까 기본에 충실한 도구야말로 재료의 맛을 가장 잘 드러낼 수 있다는 걸 이제는 모두가 안다. 위의 장면은 음흐의 흐름을 효과적으로 드러내는 장면으로, 무형의 가야금 소리를 눈에 보이는 형태로 가정한 뒤, 소리의 모양, 소리의 무늬, 소리의 상태, 소리의 감정을 묵묵히 묘사한다. 무색무취의 건조하고 정확한 묘사 안에서 음악은 제 나름의 춤사위를 갖고 한 편의 시극이 된다.

신발 속 돌멩이에는 두려움이 담겨있다

'기쁘다. 슬프다. 초조하다. 아름답다. 좋다. 행복하다.' 감정을 드러낼 때 흔히 사용하는 단어다. 쉬운 표현이지만 그만큼 지루하고 게을러 보이기도 하다. 그렇다면 기쁨과 슬픔, 초조함과 두려움을 어떻게 표현하면 좋을까? 아래 장면은 한 여인이 권태로운 관계의 연인을 뒤로하고 혼자 사막을 산책하는 부분이다. 마침 어둠이 깔리기 시작했으며 사막 어디에도 그녀를 돕거나 불러줄 사람은 없다. 그때 나타난 커다란 트럭과 카우보이모자를 쓴 백인 남자, 그 이미지가 대변하는 거칠고 두려운 익명의 존재. 사실은 친절함일지도 모르는 남자의 손짓이 사막 한가운데를 걷는 여자에게는 폭력적으로 느껴졌을 것이다. 여자는 트럭을 피해 다시 자신이 걸어온 방향으로 걷는다. 겉으로는 아주 태연해 보이지만, 여자는 차가 지나간 후에야 걸음을 멈추고 신발에서 돌멩이를 꺼낸다. 내내 불편했지만 차마 멈출 수 없었던 걸음. 미처 알아차리지 못할 만큼 긴장됐던 마음을 돌멩이에 담아 드러내는 장면이다. '그녀는 두려웠다'라고 말하지 않고, "그제야 신발에 든 돌을 빼냈다"라고 말하는 순간 인물은 더욱 풍부한 감정과 생명력이 갖게 된다.

사막 저 너머로 퍼지는 저녁노을은 점점 더 커지면서 밝아졌다. 엘렌은 조급하게 차 소리를 기다렸고, 트럭이었으면 하고 바랐다. 트럭이었다. 트럭이 그녀 옆을 천둥치듯 지나갔을 때 그녀는 벌떡 일어서지 않도록 마음을 다잡아야 했다. 트럭 기사는 운전석에서 그녀를 내려다보며 경적을 울렸고, 길고 애원하는 듯한 경적 소리는 오스틴 너머까지 울려 퍼졌다. / 그녀는 그녀 뒤를 천천히 따라온 트럭이 그녀 가까이 멈출 때까지, 오스틴 반대쪽으로 계속 걸어갔다. 트럭 운전사는 카우보이모자를 쓴 백인이었다. 그는 그녀가 알아차릴 수 없는 손짓을 했다. 어쨌든 그는 그녀를 밤에 절대로 혼자 사막으로 걸어가게 하지는 않을 것이었다. 절대로. 바로 그 순간 그녀는 몸을 돌려 마치 꿈속에서 도망칠 때처럼 아주 느릿하게 걸었다. 도로 가장자리를 따라. 그녀는 뒤에서 차 소리가 더 이상 들리지 않자 그제야 신발에 든 돌을 빼냈다.

단지 유령일 뿐 | 유디트 헤르만 | 민음사

구멍과 부상자와 주검이 가득한 미군기들이 영국의 비행장에서 거꾸로 이륙했다. 독일 전투기 몇 대가 프랑스 상공에서 그 비행기들을 향해 거꾸로 날아가며, 비행기 몇 대와 승무원으로부터 총알과 포탄 파편들을 빨아들였다. 망가진 지상의 폭격기에도 그렇게 했고, 그 비행기들은 뒤로 높이 날아올라 편대에 합류했다. / 미국 비행사들은 군복 안에서 몸이 바뀌어, 고등학생 아이들이 되었다. 이제 히틀러도 아기로 변할 거다, 빌리 필그림은 그렇게 생각했다. / 모두 아기로 변한다. 모든 인간이 예외 없이 생물적으로 공모하여 아담과 이브라는 이름의 완벽한 두 인간을 생산한다, 그는 그렇게 생각했다.

제5도살장 | 커트 보니것 | 문학동네

모든 비극이 거꾸로 되감기고 있다

제2차 세계대전 당시 미군 포로로 잡혀있던 작가가 자신의 경험을 바탕으로 쓴 소설이다. 전쟁이 끝나가는 마지막 몇 달간 미국과 영국은 독일의 드레스덴을 폭격했고, 이로 인해 2만 명 이상의 사람들이 목숨을 잃었다. 그날의 참상은 폭격을 옹호하거나 반대하는 입장과 무관하게 전 세계 모든 인류의 비극이다. 그날의 슬픔을 어떻게 무를 수 있을까. 이 소설은 영리한 묘사를 통해 인류가 시작되는 시점으로 모든 장면을 되돌린다. 땅에 떨어진 폭탄이 비행기 속으로 들어가고, 산산조각 난 사람들의 몸은 다시 붙으며, 비는 거꾸로 올라가고, 사람들은 뒤로 걷는다. 더 나아가 군인의 몸은 작아져 고등학생이 되고, 히틀러는 아기로 변한다. 모두가 아기가 된 뒤에는 그들의 부모, 또 먼 부모, 가장 먼 부모에게로 돌아가 모든 인류는 태초의 인간, 아담과 이브 속으로 사라진다. 전쟁도 죽음도 없다. 그러나 그 과정 안에서 인간의 기쁨, 그러니까 사랑하는 이의 얼굴을 마주보는 어떤 순간, 소박한 식사, 열정적인 춤사위 같은 것들도 모두 사라진다. 과연 이 묘사는 희극일까 비극일까.

결국에는 아무 것도 말하지 않는다

국어는 기본적으로 주어와 서술어의 순서로 이뤄진다. 서술어가 뒤에 배치되는 탓에, 부정문만으로 이뤄진 문장은 힘겹게 쌓은 이미지를 다시 처음의 상태로 허무는 효과를 낸다. 텔레비전은 탁자 위에 있'지 않고', 감각은 융기하'지 않고', 새떼는 이동하'지 않고', 블라인드는 있'지 않다'. 열심히 쓰였지만 아무것도 말하지 않은 소설인 셈이다. 이미지는 남아 있는데 그것이 무엇인지 정의 내릴 수 없는 상태, 즉 형태는 있으나 실체가 없는 유령과 닮았다. 이 소설을 영상으로 어떻게 구현할 수 있을까 고민해본 적이 있다. 가령 1초에 30프레임이 필요한 영상이라면, 서른 개의 정지 장면 중 하나에만 특정 이미지를 넣으면 어떨까? 너무 빠르게 지나가 정확하게 인식할 순 없겠지만, 영상을 다 보고 난 후에 뭔지 모를 잔상이 머릿속에 남아 있을 것이다. 심리학에서는 이를 '잠재의식 메시지Subliminal Message'라고 부르는데, 실제로 사람이 지각할 수 없을 정도로 짧은 시간 동안 특정 메시지를 노출한 후, 그 후의 반응을 살피는 것이다. 결과는 예상대로였고, 전문가들은 이와 같은 효과가 이성적인 판단을 흐리게 한다고 하여 세계 여러 나라에서 잠재의식을 이용한 광고를 금지시켰다.

탁자를 보지 않는다. 탁자는 보이지 않는다. 탁자는 없다. 텔레비전은 탁자 위에 있지 않다. 텔레비전을 켜지 않는다. 화면은 없다. 부정한 사물들을 부정하지 않는다. 감각들이 융기하지 않는다. 시선이 삼각편대로 비행하는 새떼들처럼 이동하지 않는다. 시선은 없다. 창문의 블라인드를 걷지 않는다. 블라인드는 없다. 마른 햇빛이 사선으로 들이치지 않는다. 비가 오지 않는다. 해가 나지 않는다. 구름은 없다. 구름을 보지 않는다. 블라인드는 청색이 아니다. 블라인드는 없다. 환한 방, 시린 공기가 맥없이 자맥질을 하고 있지 않다. 햇빛은 없다.

장면의 단면 | 한유주 | 문학과지성사

시커먼 개구리들이 비에 섞여 바닥으로 떨어졌다. 바닥은 깊이를 알 수 없을 정도로 쓰레기가 쌓여 있었다. 개구리들은 대부분 그 속으로 빨려 들어갔다. 아스팔트에 떨어져 머리가 깨지거나 지나가던 소독차에 갈리기도 했다. 그러면 아스팔트는 붉은 꽃을 피웠다. 어두운 거리에 그들이 흘린 피와 찢어진 살갗이 불빛처럼 빛났다. 대낮인데도 도시는 불에 그슬린 듯 어두웠다. / 붉은 십자가가 그려진 차들이 소독약을 뿌리고 가기도 했다. 흰 구름처럼 피어오르는 연기가 시커먼 도시를 잠깐 감추었다. 연기가 사라질 때면 독한 성분 때문에 몸에 두드러기가 피었다. 아주 드물게 사람이 눈에 띄기도 했다. 그들은 웅크리거나 누워 있었기 때문에 주검이거나 주검에 가깝게 느껴졌다. 멀리서 보면 쓰레기를 담은 자루 같았다.

아오이 가든 | 편혜영 | 문학과지성사

불편하게 만드는 문학이 있다

편혜영의 문장은 어렵지 않다. 문장이 짧고, 앞 문장의 묘사를 바로 뒤의 문장이 받아 이어지는 구조로 속도감 있게 읽을 수 있다. 반대로 편혜영의 문장은 쉽지 않다. 비린내 나고 위악적인 묘사, 환상과 실재를 넘나드는 엽기적인 이미지가 미간을 찌푸리게 한다. 검은 개구리, 붉은 피, 흰 연기 등 색색의 묘사가 한시도 머무르고 싶지 않은 디스토피아를 연출한다. 하지만 이것을 단순히 이미지의 과잉으로 보기보다는 작품의 미학적 의미를 살펴보면 얘기가 달라진다. 본래 구조의 단단함을 찢고 규칙을 어긋나게 하여 사회적 모순을 드러내는 것이 문학의 본령이라면, 작가는 이러한 소설적 사명을 직선적이며 파격적인 묘사로 드러내며 소설 읽기 자체를 불편하게 만든다. 빠르게 지나가는 이미지 앞에서 독자는 어느 순간 폭력의 방관자가 된다.

문장과 문장 사이에 심연이 있다

어떤 글은 문장과 문장이 앞뒤로 이어달리기하듯 유기적으로 연결되어 있다. 또 어떤 글은 앞뒤 문장이 큰 고리를 갖지 않고 그저 무심히 놓여있다. 크리스토프 바타유의 묘사는 쉬운 단어들의 나열이며, 그 자체로 투명한 섬이다. 문장과 문장이 서로의 섬일 때, 그 사이에는 심연이 존재한다. 멀지 않은 곳 코끼리가 울고, 그로 인해 생명이 가까이 있음을 깨닫고, 시선은 다시 밤이 머무는 곳으로 간다. 아름다운 수녀의 몸과 그 위에 머무는 시선들은 이어지는 노인의 말과 아무런 연관도 없어 보이지만, 오래 들여다볼수록 그 여백 속 투명한 깊이를 생각하게 한다.

수사들의 얼굴은 서서히 초췌해져갔다. 도미니크 수사의 뚱뚱하던 배가 들어갔고 수염에 이가 끓어서 면도를 하지 않으면 안 되었다. 카트린 수녀는 아름다웠다. 사람들의 시선이 자꾸만 그녀의 몸으로 갔다. 그 노인이 말했었다. "각각의 존재는 하느님의 집이지요." 온갖 고난에 부대꼈지만 대책이 없었다. 푸른 대나무에서 떨어진 벌레들이 스멀스멀 기어다닌 곳에 살이 썩었다. 그걸 치료하는 법을 배웠다. 새벽에 메콩 강의 미지근한 물에 들어가 목욕을 했다. / 그리 멀지 않은 곳에 코끼리가 울었다. 생명이 가까이 있었다. 밤이 가만히 머물러 있었다.

다다를 수 없는 나라 | 크리스토프 바타유 | 문학동네

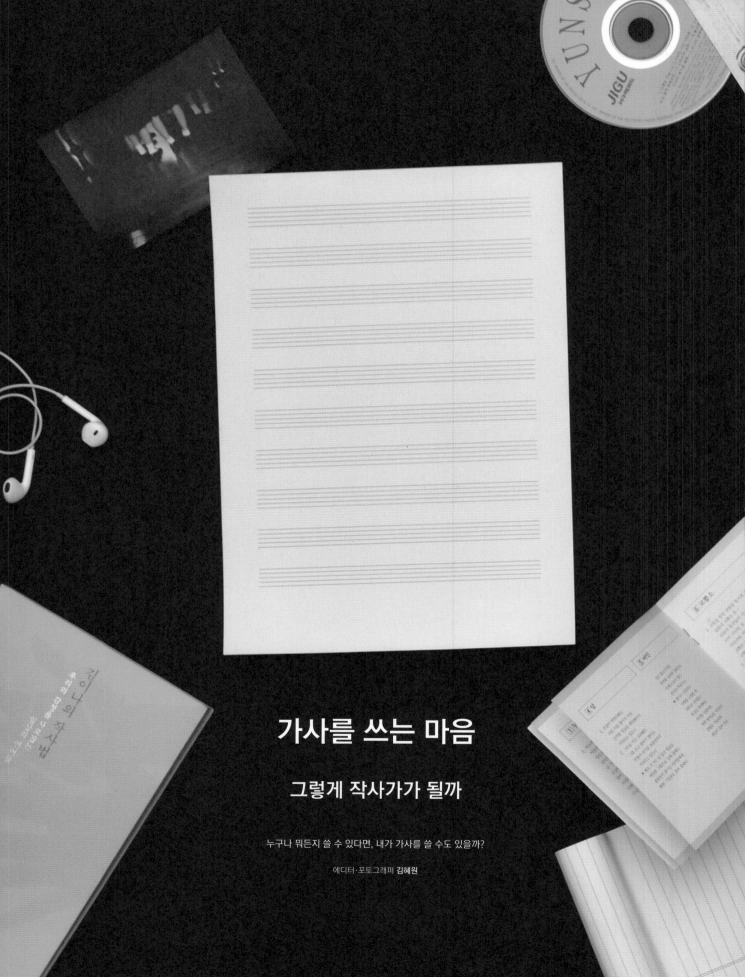

가사를 쓰는 마음

그렇게 작사가가 될까

누구나 뭐든지 쓸 수 있다면, 내가 가사를 쓸 수도 있을까?

에디터·포토그래퍼 **김혜원**

가사를 써보기로 했다

자신의 언어를 문장으로 표현하는 직업 중 작사가는 조금 특별하다. 혼자 시작했지만 결코 홀로 완성할 수 없고(멜로디와 이 노래를 불러줄 가수가 필요하다), 텔레비전에 나오는 화려한 사람들이 화자로 등장하니 덩달아 화려한 직업처럼 보이기도 한다. 작사가에 대한 약간의 환상을 갖고 무작정 가사를 써보기로 했다. 가장 먼저 책을 샀다. 내가 산 책은 김이나 작사가가 쓴 《김이나의 작사법》. 책날개에 쓰인 2015년 한국음악저작권협회에 등록된 2만여 명의 회원 중 저작권료 수입 1위라는 프로필이 무엇보다 마음에 들었다. 게다가 '작사법'이라니 우리나라에서 제일 유명한 작사가가 무언가 알려줄 것 같았다. 나는 작사가가 되는 법이 아니라 작사하는 법이 궁금했다. "싱어송라이터가 자기만의 화풍을 가진 화가라면, 상업 작사가는 누군가가 꾸어낸 꿈을 토대로 밑그림을 그려내는 기술자다." 싱어송라이터가 될 자신은 없으니 단 한 곡일지언정 상업 작사가를 목표로 하기로 했다. 그런데 목표만 거창할 뿐 막상 가사를 쓰려니 한 줄을 써 내려가기가 힘들었다. 곡 없이 가사를 쓰는 것은 맨땅에 헤딩하는 기분이 들게 한다. 책에서 알려주는 것처럼 캐릭터를 만들고 발음을 디자인하기 전에, 그냥 이 벽 앞에서 뒤돌고 싶었다. 그때 영화 〈하나 그리고 둘〉의 한 대사가 떠올랐다. "왜 우린 처음을 두려워하죠? 하루하루가 그 날로선 처음이고 아침마다 새롭죠. 똑같은 날을 두 번 살진 않는데 아침에 깨는 걸 두려워하지 않죠. 왜죠?" 그래, 가사를 쓰자.

무엇을 쓸까?

먼저 소재를 생각했다. 이왕이면 누구나 공감하고 좋아하는 가사를 쓰고 싶었다. 우리나라에서 가장 큰 음원 스트리밍 사이트
에 접속해 실시간 차트에 오른 100곡을 차례로 들었다. 사람들이 사랑과 이별 이야기를 제일 좋아한다고 하더니 아니나 다를
까 첫째로 재생되는 곡은 이별 얘기다. 다시 돌아갈 수 없는 그날로 돌아가고 싶다고 한다. 그다음 곡의 소재는 인스타그램. 음,
나는 트위터를 소재로 해볼까? '리트윗으로 보게 된 너의 소식, 잘 지내니?' 이건 아닌 것 같다. 다음은 청춘이 소재다. 그리고
사랑, 사랑, 이별, 이별…. 김이나 작사가는 책에서 "수십 년 넘은 가요의 역사를 돌아봤을 때, 대중이 가장 사랑하는 소재는 사
랑과 이별 이야기이다. 다양한 가치관과 사상을 가진 여러 종류의 사람들을 공통분모로 꿸 수 있는 유일한 감정이 사랑과 이별
앞에 선 남녀의 감정이기 때문일 테다. (중략) 결국 문제는 사랑과 이별이라는 소재가 아니다. 이걸 어떤 화법으로 풀어내느냐
가 곡의 개성을 좌우한다. 가사 속의 캐릭터는 화자(가수)의 성격, 환경, 성별 등 다양한 요소로 이루어지는 한 명의 가상인물이
다."라고 했다. 작사계의 《수학의 정석》이며 《성문종합영어》가 아무리 그렇다고 말해도, 사랑과 이별은 아닌 것 같았다. 흥미
도, 어떠한 화자가 될 자신도 없었다. 아무리 내가 싱어송라이터가 될 떡잎조차 없는 사람이라지만 하나 정도는 그냥 하고 싶은
이야기를 해도 되지 않을까?

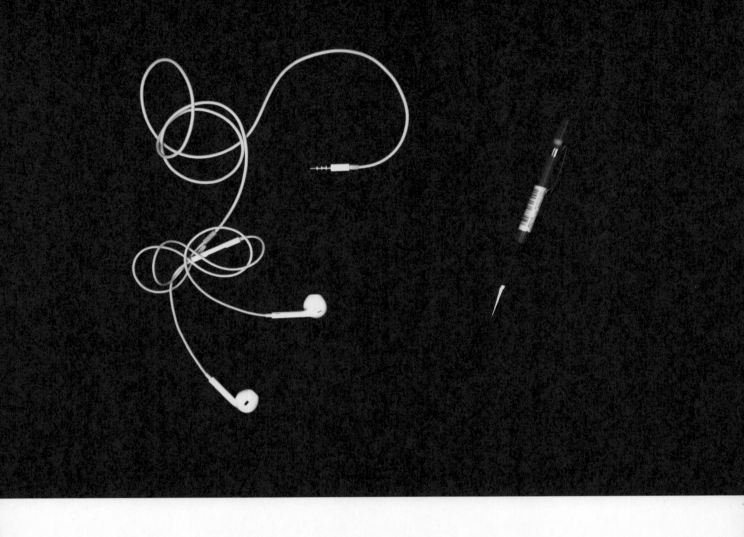

그리하여 청춘이다

한 장면이 생각났다. 사실 가사를 쓴 게 이번이 처음이 아니었다. 고등학교 시절 '베프' C와 나는 힙합 팬이었다. 기숙사 생활을
하던 나와 통학을 하던 C는 종종 등교 시간에 만나 함께 계단에 앉아 이어폰을 나눠 꼈다. 저녁 시간에 운동장 트랙을 돌며 또
이어폰을 나눠 꼈다. 때로는 선생님들에 대한 불만을 랩으로 적어 함께 불렀다. (당시 〈고등래퍼〉 같은 프로그램이 없었던 게 어찌
나 다행인지 모른다.) 아침 햇살이 내리쬐는 운동장 한쪽의 계단에 앉아 함께 음악을 듣던 장면. 이때의 이야기를 쓰면 괜찮은 게
나올지도 모르겠다는 생각이 들었다. 빛나는 줄 몰랐지만 가장 빛났던 학창 시절의 이야기. 어쩌면 이때는 다른 형태의 사랑과
이별 이야기일지도 모르고.
학창 시절을 추억하는 가요도 꽤 많다. "기억해 복도에서 떠들다 같이 혼나던 우리 둘"로 시작하는 f(x)의 'Goodbye Summer'
나 카니발의 '그땐 그랬지' 같은 곡들. 나는 20대 중반의 여성 화자가 등장하는, 구체적으로는 나처럼 여고를 졸업한 여성 화자
가 졸업 후에 그때를 회상하는 가사를 쓰고자 했다. 마음속으로는 10대와 20대의 경계에 있는, 그러니까 몇은 졸업을 했고 몇
은 아직 고등학생인 여자 아이돌 그룹을 떠올리며 썼다.

오늘을 걷다

석양을 등지고 집으로 가는 길
무거운 다리로 계단을 오르다
그냥 주저앉아 그때를 생각해

하나의 이어폰을 둘로 나눠
함께 적어나가던 꿈
끝이 있는 것인지
그냥 좋았잖아

같은 교복을 입고 같은 속도를 살았던 우리
교복을 벗고 몰아쉼 가벼워졌을까
몰아서 달려갔을까
추억이 되어버린 이래 속에서
나는 어떤 모습으로 걷고 있나

빛나는 줄 모르고 빛났던 그때
함께 바라보던 그 운동장
사실 더 빨리 달리고 싶었어

같은 교복을 입고 같은 속도를 살았던 우리
교복을 벗고 몰아쉼 가벼워졌을까
몰아쉬 몰아서 달려갔을까
추억이 되어버린 이래 속에서
나는 어떤 모습으로 걷고 있나

-
이 짧은 가사를 쓰기 위해서 얼마나 고민했던가. 내가 보낸 학창 시절의 한 장면이 떠오르도록 구체적인 상황을 그리려 했으나, 쉽지 않았다.

교복을 벗고 어른이 되면 좋은 것만 있을 줄 알았는데 지친 퇴근길에서는 자꾸 추억만 떠올린다. 그리고, 가사는 정말 아무나 쓰는 게 아니다.

작사가의 말

《김이나의 작사법》에서 밑줄 그은 문장, 그리고 거기에 덧붙인 생각

발음을 다루는 법, 포인트를 주는 법, 서사를 끌어가는 법, 리듬을 살리는 법… 그 눈이 트이면서부터 진짜 작사라는 걸 하기 시작했던 것 같다.

노래 한 곡에도 기승전결이 필요하다. 단순히 상황이나 감정만 나열해서는 안 된다. 가사는 나의 감정의 배수구가 아니다. 하나의 상품이라는 것을 명심하자.

많이 듣고 분석하라. 내 맘에 드는 가사만 놓고 보지 말고, 히트를 친 데다 롱런하는 곡이 있다면 왜 그 가사가 좋은 건지, 왜 그 가사를 작곡가나 제작자가 선택한 건지 파고들어라.

f(x)의 'Electric Shock'가 발매된 2012년을 기억한다. 이런 가사도 있구나, 이것이 신인류의 언어일까? 제목처럼 약간의 쇼크도 받았다. 이 곡의 작사가인 서지음 작사가는 한 인터뷰에서, 처음부터 사행시를 넣어달라는 기획사의 요청이 있었고 결국 살아남은 단어가 '전기충격'이라고 말했다. 이것이 작사가의 일이고, 이것이 좋은 가사일 것이다.

전 전 전류들이 몸을 타고 흘러 다녀
기 기 기절할 듯 아슬아슬 찌릿찌릿
충 충 충분해 네 사랑이 과분해
격 격 격하게 날 아끼는 거 다 알아
— f(x), 'Electric Shock' 중에서

나는 작사 작업을 앞두고 가장 먼저 곡의 분위기를 파악한 뒤, 이 캐릭터 설정 단계에서 가장 많은 시간과 공을 들인다. (중략) 캐릭터를 설정하는 요소들은, 너무 사소하고 사적이지는 않게, 하지만 살아 있는 '인물'이 느껴지도록 디테일하게 깔아두는 것이 관건이다.

아이돌 그룹의 노래를 들을 때 특히 더 곡의 캐릭터가 명확하게 느껴진다. 그들이 의상과 춤 등 무대 구성 또한 곡의 화자가 할 것 같은 모습으로 꾸미기 때문이다. 캐릭터에서 곡의 개성이 드러나기도 하지만, 캐릭터를 통해 퍼포먼스를 구현하기도 하니 이 캐릭터의 콘셉트를 잡는 게 무엇보다 중요할 수도 있겠다.

가사는 '듣고 부르는 글'이라는 말을 나는 이 책에서 눈에 못이 박이도록 언급할 것이다. (중략) 작사가의 일은 그럴듯한 문장을 만들어내는 것만이 아니라, 하고 싶은 말을 곡을 최대한 살리는 발음으로 표현해내는 것이다.

그렇다, 가사는 듣고 부르는 글이다! 게다가 모든 가사는 '원곡의 분위기와 성격'을 우선시하여 써야 한다고 했다. 싱어송라이터도 작사가도 아닌 이상 데모(제작자에게 들려주기 위한 용도의 음원)를 받기는 어려운 일이다. 책에서는 외국곡에 가사를 붙여보는 연습을 하고 가사를 완성하면 멜로디에 맞춰 불러보는 게 도움이 된다고 한다. 개사는 추천하는 방법이 아니니 잘 못 알아듣는 외국곡의 음절 수를 추정해 밑그림을 그리고 가사를 써볼 것.

그 자체로 어여뻐라

순우리말

어머니 배 속에서부터 배우기 시작해서 유년 시절부터 죽을 때까지 자신의 정체성을 이루는 말을 '탯말'이라고 한다. 사람들은 모두 자신이 머무는 곳의 영역 안으로 정착한 언어를 터득하여 표현 도구로 선택하고 끊임없이 활용한다. 언어는 살아 있다. 그 말은 곧 죽기도 한다는 의미다. 많은 사람들에게 선택받고 활용되고 발화되면서 언어는 살아 남는다. 인간의 역사와 언어의 역사를 평행선으로 동등하게 바라볼 수 있는 까닭에 우리말의 맨얼굴을 들여다보는 것은 언제나 유의미하다. 그 자체로 어여뻐 마지않은 표정을 보면서 말이다.

에디터 **이자연** 일러스트 **배중열**

말의
맨얼굴

한국어의 고유어는 한국어 어휘 중 한자어와 외래어를 제외한 고유의 말이다. '토박이말', '탯말' 등으로 부르기도 하며, '순우리말'이라고도 한다. 외국어와 외래어의 범람으로 순우리말의 사용 빈도가 현저히 낮아진 상태에서 진짜 우리말을 찾아내 사용하기는 영 어렵게 느껴지기도 한다. 외래어의 대체어를 만들기도 번거로워서, 원래 우리말이었던 것처럼 느껴지는 외래어도 적지 않다. 어떤 분야는 그 안에서 사용하는 은어의 대부분이 일본어거나 거기서 파생한 말이기도 하다. 이것을 언어 오염이라고 부를 수 있을까, 혹은 우리말이 처한 재앙이라고 할 수 있을까. 언어는 그 자체로 살아 있다. 언어에는 그것을 사용하는 집단과 지역의 역사, 문화, 시대정신, 가치, 환경 등이 그대로 반영될 수밖에 없다. 인간의 산물로서 인간과 관련된 거의 모든 것에서 영향을 받는다는 것이다. 그러니 언어 체계는 계속해서 변용되고, 합쳐지고, 파생된다. 기존의 것과 다르고 낯설더라도 언어의 생리에 자연스러운 흐름일 뿐이다. 특히나 지식 정보 기반의 시대에서 국가 간 경계가 흐려지고 교류가 원활한 시대에는 더욱 외래어와 외국어의 유입, 은어 파생 등은 불가피한 것이다.

하지만 그럼에도 우리말을 인지하고 이해하려는 노력은 필요하다. 언어의 어원을 따르면 그 언어에 깃든 정신이나 뿌리를 파악할 수 있기 때문이다. 미래로 전진하고, 유망한 사업체를 구상하고, 효율적인 체제를 전망하는 게 중요한 시대라도, 그게 역사를 되돌아보는 게 쓸모없다는 의미는 아니기 때문이다. 개인마다 각자의 언어를 활용하는 방식이 다르지만 말의 근원을 가늠하고, 정제된 고유성을 이해하는 것은 언어의 중심으로 향하는 일이기도 하다. 우리말의 맨 얼굴을 바라보고 다양한 표정을 목격하고 난 뒤에는 모두 조금 더 풍성해진 말 주머니를 갖게 될 것이다.

우리말,
어디까지 알고 있나요

1. 다음 뜻을 가진 단어는?
일을 다잡아 해내는 솜씨

㉠ 겨눌손
㉡ 잡을손
㉢ 맨드라미손
㉣ 해냄손

2. 다음 뜻을 가진 단어는?
맛이나 재미, 심심풀이로 먹는 간식

㉠ 주전부리
㉡ 영감부리
㉢ 새부리
㉣ 노닥부리

3. 다음 단어의 뜻은?
드레지다

㉠ 드레드락 머리를 하다.
㉡ 어딘가에 들어가다.
㉢ 사람의 됨됨이가 가볍지 않고 점잖다.
㉣ 쓸 데 없는 말을 많이 해서 뒷소문이 좋지않다.

4. 다음 단어의 뜻은?
구메구메

㉠ 물건을 구매하다.
㉡ 남모르게 틈틈이
㉢ 게으르게 행동이 굼뜬
㉣ 맛있는 음식을 먹어 기분이 좋은 상태

5. 빈칸에 들어갈 적절한 말은?
보기 귀신 영화를 보니 갑자기 등 뒤가_____.

㉠ 쌔근거리다.
㉡ 오쭉거리다.
㉢ 일닥거리다.
㉣ 선득거리다.

※ 괄호에 O 또는 X를 넣으세요.
6. '갖신'은 '억새로 엮어 만든 신'을 말한다.
( )
7. '마수걸이'는 '맨 처음으로 물건을 파는 일'을 의미한다. ( )
8. 눈에 띄게 차려 입은 사람을 보고 '떨쳐입었다'고 말한다. ( )
9. 깊이 잠들지 못하고 자꾸 잠이 깬다면 그건 '모기잠'을 잤다고 한다. ( )
10. 짧고 단단한 몽둥이가 필요하다면 '몽치'를 달라고 하면 된다. ( )

11. 다음 단어의 뜻은?
까세다

㉠ 발로 차버리다.
㉡ 가격을 깎다.
㉢ 세차게 치다.
㉣ 잠을 자고 일어났더니 까치머리가 되었다.

12. 빈칸에 들어갈 적절한 말은?
보기 우리 아빠는 밤이 되면 턱에_____같은 수염이 파르라니 올라온다.

㉠ 꺼끄러기
㉡ 꺾으러기
㉢ 꺼꾸러기
㉣ 거그러기

13. 빈칸에 들어갈 적절한 말은?
보기 내 동생은 내 물건 중에서 가져갈 게 없나 자꾸만_____.

㉠ 되작인다.
㉡ 덤빈다.
㉢ 되알지다.
㉣ 된장찌개다.

14. 다음 단어의 뜻은?
포갬포갬

㉠ 몹시 따뜻하고 몽글거리는 느낌
㉡ 물건 따위를 겹쳐 놓은 모양
㉢ 등 뒤로 아이를 어부바한 모양
㉣ 마음이 안정적이어서 고민 따위가 없음

15. 다음 뜻을 가진 단어는?
무엇이든지 잘 아는 체하는 사람

㉠ 체체체
㉡ 모르니
㉢ 맨스플레인
㉣ 안다니

정답은 129쪽에 있습니다.

말의
스토리텔링

말의 뿌리를 둘러보는 것은 그 이야기를 들여다보는 것과 같다. 말이 이야기를 전하는 도구인데, 그 안에 또 다른 이야기가 있다니 조금 어색하게 들릴지도 모른다. 하지만 말은 모두가 만들어지는 과정이 담겨 있다. 그 어떤 시절에도 '스토리텔링'이 단어로 싹을 틔웠다는 의미이기도 하다. 한국어의 순우리말은 대부분 전통적인 농경 사회의 모습이 그대로 비친다. 이를 테면 비를 나타내는 다양한 말을 보아도, 비의 굵기나 내리는 모양, 계절이나 시간대에 따라 그 비를 칭하는 이름이 다 달랐는데 농경 사회에서 비가 중요했던 만큼 사람들이 얼마나 비에 관심을 갖고 세분화했는지 알 수 있다. 비의 다양한 이름은 아래와 같다.

일비 봄에 내리는 비(봄에는 일이 많아 비가 내려도 일한다는 의미)

잠비 여름에 내리는 비(여름엔 바쁜 일이 없어 비가 오면 낮잠 잔다 하여 붙여진 말)

떡비 가을에 내리는 비(가을걷이 끝나 비가 오면 쉬면서 떡을 해 먹는다 하여 붙여진 말)

술비 겨울에 내리는 비(농한기라 술을 마시면서 놀기 좋다 하여 붙여진 말)

비꽃 비가 내리기 시작할 때 성기게 떨어지는 빗방울

안개비 눈에 보이지 않게 내리는 비

는개 안개보다 조금 굵은 비

보슬비 바람 없이 작은 알갱이로 보슬보슬 내리는 비

장대비 굵은 장대 같은 빗줄기로 억세게 쏟아지는 비

도둑비 예기치 않게 밤에 살짝 내린 비

산돌림 산기슭 또는 여기저기 옮겨 다니면서 내리는 소낙비

먼지잼 겨우 먼지나 날리지 않을 정도로 아주 조금 내리는 비

보름치 음력 보름께에 내리는 눈이나 비

그믐치 음력 그믐께에 내리는 눈이나 비

복물, 복비 복날 또는 복날 전후에 내리는 비

마른비 땅을 적시기도 전에 마르는 비

못비 모내기에 충분하게 내리는 비

알아두면 기분이
좋아지는 순우리말

귓결 우연히 듣게 된 겨를
예) 내가 밤중에 귓결로 들었는데, 자연이 걔가 방귀를 그렇게 크게 뀌더라니까.

검불덤불 한데 뒤섞이고 엉클어져 어수선한 모양
예) 혜원이가 내 책상에서 잃어버린 만원을 찾겠다고 검불덤불 어지럽혀 놨다. 내 지갑에 있는데….

맨드리 옷을 입고 매만진 맵시
예) 건태는 맨드리가 영 좋지 않아서 함께 외출하기 창피하다.

제깃손 일을 해내는 솜씨나 능력
예) 현아는 제깃손이 퍽 좋아서 계속 칭찬하며 부려먹기 좋다.

갖추갖추 여럿이 모두 있는 대로
예) 간식을 꺼내자 고양이 세 마리가 갖추갖추 모여 울어댄다.

너테 여러 겹으로 얼어붙은 얼음
예) 혜미는 게으른 나머지 세차를 워낙 안 해서 앞 유리 언저리에 너테가 두껍게 꼈더라.

몽짜 음흉하고 심술궂게 욕심을 부리는 짓
예) 나는 자연이 몽짜를 부릴 때마다 집에 가서 빨간색으로 이름을 44번 쓴다.

소록소록 아기가 곱게 자는 모양
예) 항상 몽짜를 부리는 건태는 의외로 소록소록 잠이 들어서 좀 당황스러웠다.

샘바리 샘이 많아서 안달하는 사람
예) 혜미야, 그렇게 가수가 되고 싶어? 샘바리 같은 마음을 진정시키고 너 자신을 바라봐.

난달 길이 여러 갈래로 통한 곳
예) 현아는 어디를 가더라도 난달을 잘만 찾아내는 게 전생에 꼭 생쥐였던 것만 같다.

맛문하다 몹시 지친 상태에 있다.
예) 자연은 맛문해서 집에 들어가자마자 형광등도 끄지 못한 채 잠들었다.

빼빼거리다 어린아이가 듣기 싫게 자꾸 울다.
예) 건태는 오후 네 시가 되면 당이 떨어져서 자꾸만 빼빼거린다.

구순하다 사이가 좋아 화목하다.
예) 건태는 그 어느 누구와도 구순하지 못하다.

돌곗잠 이리저리 굴러다니면서 자는 잠
예) 혜미는 가끔 편집장 몰래 돌곗잠을 잔다.

새금물 조금 흐린 물
예) 얘, 건태야. 분위기 새금물 만들지 말고 가만히 있어라.

다붓다붓 여럿이 다 매우 가깝게 붙어 있는 모양
예) 여러분, 우리 모두 다붓다붓 앉아 있는데 인간적으로 방귀는 뀌지 맙시다.

곰살갑다 성질이 보기보다 상냥하고 부드럽다.
예) 사무실에서 가장 곰살가운 건 고양이들이다.

정답 대공개

1. ⓒ 2. ㉠ 3. ⓒ 4. ⓒ 5. ㉣ 선득거리다: 갑자기 서늘한 느낌이 들다
6. X 갖신: 가죽으로 만든 신 7. ○ 8. ○ 9. X 벼룩잠 10. ○ 11. ⓒ
12. ㉠ 꺼끄러기: 벼나 보리 따위의 낟알 껍질에 붙은 껄끄러운 수염 13. ㉠ 14. ⓒ 15. ㉣

0~5개 순우리말에 아주 관심이 없군요! 사랑을 주세요. 관심이 사랑의 시작이랍니다.
6~10개 순우리말에 관심은 있지만, 딱히 공부를 하지 않는군요. 더욱 사랑해 주세요!
11~15개 당신은 순우리말을 아끼고 사랑해주는 사람. 지금의 마음 변하지 마요!

라틴어 수업과 한국어 편지

Dum vita est, spes est

한동일 작가의 책 《라틴어 수업》을 선물 받았다. 대학교 강의 형식
으로 구성되어 있어 나눠 읽기 편했다. 하루에 20분 정도 수업을 받
듯 책을 읽었고, 책을 덮은 후에는 누군가를 떠올리며 편지를 썼다.

에디터·포토그래퍼 김건태

내 삶의 모멘텀에게.

'Si vales bene est, ego valeo(시 발레스 베네 에스트, 에고 발레오: 당신이 잘 계신다면 잘되었네요, 나는 잘 지냅니다).' 로마인의 편지 인사말이라고 합니다. 누군가의 안부를 묻는 건 그가 안녕키길 바란다는 뜻이겠죠. 그리운 아그네스, 얼마 전《라틴어 수업》이라는 책을 읽었습니다. 언제나 그렇듯 몇 개의 밑줄을 그었고, 제가 그은 밑줄 위에 당신과의 추억을 담아 편지를 씁니다.

1927년, 베니토 무솔리니Benito Mussolini는 '위대한 이탈리아'라는 구호 아래, 도시의 대형 건설 공사를 주도했습니다. 바티칸 광장에서 콜로세움에 이르는 도로 건설 프로젝트 역시 그중 하나였는데, 도로를 흙으로 메우고 돌로 포장하는 과정에서 의미심장한 유적지 하나를 발견하게 됩니다. 바로 율리우스 카이사르Julius Caesar가 암살당한 '유투르나 신전'입니다. 이 책의 글쓴이는 일상 속에서 이 역사적인 장소를 자주 지나쳤음에도, 수업을 듣기 전까지는 그 사실을 미처 알지 못해 충격을 받았다고 말합니다. 그러면서 'Tantum videmus quantum scimus(탄툼 비데무스 콴툼 쉬무스: 우리가 아는 만큼, 그만큼 본다).'라는 표현을 씁니다. 말 그대로 아는 만큼 더 잘 볼 수 있으며, 더 나아가 그것을 통해 무언가를 성찰하는 것이 중요하다는 뜻입니다.

'모멘텀Momentum'이란 물리학에서 '운동량' 또는 '가속도'를 의미하는데, 생각하기에 따라 '인생의 전환점'으로 해석할 수도 있습니다. 더 잘 알기 위한 노력과, 성찰을 위한 열린 마음이 곧 모멘텀을 부를 수 있는 것입니다. 이 수업을 듣고 가장 먼저 떠오른 사람이 바로 당신, 아그네스입니다. 우리는 10년 전 인도에서 처음 만났습니다. 그때 저는 외국 여행이 처음인 애송이였고, 당신은 이미 1년 동안 세계를 누빈 프로 여행자였죠. 저는 종종 당신의 배낭에 붙은 세계 여러 나라의 국기를 보며 그저 부러운 마음을 가졌습니다. 당신과 함께 여행한 한 달여간 우리는 여러 도시를 여행하며 많은 이야기를 나눴습니다. 당신은 말하기보다는 주로 듣는 편이었고, 저의 거창한 생각들을 진심으로 응원해주었습니다.

라틴어에 **'Summa cum laude pro se quispue(숨마 쿰 라우데: 최우등).'**라는 표현이 있습니다. 성적을 매길 때 쓰는 표현인데, 최우등 외에도 '우수, 우등, 좋음/잘했음'이라고 구분한다고 합니다. 여기에 부정적인 평가는 없고, '잘한다'라는 연속적인 배경 위에 성적을 주는 것이죠. 타인과의 비교 속에서 잘하고 못하고를 평가하는 것이 아니라 어제의 자신보다 얼마나 더 변화했는지를 지켜본다는 부분에서 당신의 경청이 생각났습니다. 이제껏 공부해온 것이 마음에 들지 않는데, 다시 새로운 것을 시작하려니 남들보다 늦는 게 아닌가 걱정된다는 저의 말에 당신은 《월든》이라는 책의 한 부분을 읽어주었죠.

"어떤 사람이 자기의 또래들과 보조를 맞추지 않는다면, 그것은 아마 그가 그들과는 다른 고수의 북소리를 듣고 있기 때문일 것이다. 그 사람으로 하여금 자신이 듣는 음악에 맞추어 걸어가도록 내버려두라. 그 북소리의 음률이 어떻든, 또 그 소리가 얼마나 먼 곳에서 들리든 말이다. 그가 꼭 사과나무나 떡갈나무와 같은 속도로 성숙해야 한다는 법칙은 없다. 그가 남과 보조를 맞추기 위해 자신의 봄을 여름으로 바꾸어야 한단 말인가."

– 헨리 데이비드 소로, 《월든》 중에서

그 말에 용기를 내어 다니던 학교를 그만두고, 20대 후반에 전혀 새로운 공부를 하게 되었습니다. 아마 그때 당신을 만나지 못했더라면 내 것이 아닌 북소리에 여전히 갈팡질팡했을 겁니다. 내 자리가 아닌 곳에서, 되돌리지 못한 과거를 증오하면서 말이죠.

지금 당신이 사는 곳은 어떤가요? 이름도 생소한 태평양 어느 외딴섬에 살고 있다는 소식을 듣고 적잖이 당황했던 기억이 납니다. 에메랄드 빛 바다가 있고, 사랑하는 사람과 고양이가 있는 삶, 여전히 저는 당신을 부러워하고 있습니다. 종종 제 안에 고민이 생길 때면 한번도 가보지 못한 당신의 마을을 상상해봅니다. 나무 의자에 앉아 진지한 얼굴로 고민을 이야기하는 거죠. "요즘 저의 고민은 '삶' 그 자체예요. 그런데 그 단어 앞에 '어떻게 살까?'보다는 '왜 살까?'라고 질문을 던지는 날이 더 많아졌어요." 기억할지 모르지만 아주 오래전 당신이 저에게 했던 말을 책 속에서 찾았습니다. '**Hoc quoque transibit(혹 쿠오퀘 트란시비트: 이 또한 지나가리라).**' 오늘 할 일을 내일로 미루는 것, 포기와 절망, 분노 같은 부정적인 감정들을 다음 날로 미뤄두라는 의미입니다. 매일매일 유예되는 시간 동안 아마 고민은 저절로 지나가게 되겠죠.

당신은 저에게 꿈을 물어봐 준 첫 번째 사람이었습니다. 당시에 장난처럼 노벨평화상을 받는 게 꿈이라고 말했고, 당신은 진지하게 저의 계획을 들어주었죠. 그때 나눴던 대화가 지금의 저를 만들었습니다. '**Dum vita est, spes est(둠 비타 에스트, 스페스 에스트: 삶이 있는 한, 희망은 있다).**' 그렇습니다. 살아 있는 한 꿈은 이루어집니다. 꿈이란 반드시 이루어야 할 '목표'가 아니라, 저를 살게 하는 '이유'입니다. 그러니까 그것이 정녕 불가능한 꿈일지라도, 꿈을 이루기 위해 반드시 살아내야만 하는 거겠죠.

아그네스, 당신의 꿈은 무엇인가요? 무엇이 당신을 살게 하는지 궁금합니다. 당신의 인도와 당신의 파도, 당신의 오늘. 늘 그리워하며 처음인 양 안부를 묻습니다. 살아있는 한 희망이 있기를 바라며.

봄이 더 가까운 어느 겨울, 한국에서 편지를 씁니다.

최신 어금닛소리

온갖 잡다한 신호를 던지며 살아가는 사람들

엘리베이터를 기다리는 시간에 들어맞는 행동이 있다. 타인의 시선이 낯뜨거워 엄두가
나지 않는, 그렇다고 혼자 있는 시간을 따로 할애하기엔 시시하기 짝이 없는 어떤 행
동. 예를 들어, 허공에 대고 테니스 서브 자세를 연습한다든지, 가사를 외우지 못한 유
행가를 더듬더듬 불러본다든지, 마이클 잭슨의 문워크 스텝을 밟아본다든지…. 스마트
폰을 들여다보기에는 짧은 30초, 그렇다고 헛기침만 하고 서 있기도 뭐한 1분. 그때그
때 떠오르는 어떤 동작이나 음성을 기습적으로 시험해본다. 주위에 아무도 없을 때만
할 수 있다. 이웃 간 체면을 중시하는 뉴타운 주민에게 선보일 만한 행동은 아니니까.

글 이지원   일러스트 송은혜

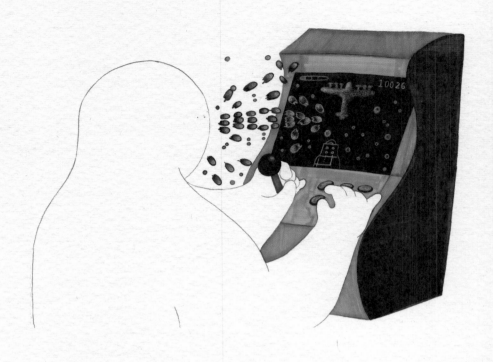

한번은 엘리베이터를 기다리며 1990년대 전설의 발라드곡을 공기 소리로 열창하는데, 몰입이 지나쳤는지 엘리베이터 도착 안내음을 미처 듣지 못했다. 덜커덩 문이 열린 그때, 나는 한창 허리를 뒤로 젖히고 노래의 클라이맥스를 소화하는 중이었다. 열린 문틈으로 22층 주민의 시선이 쏟아졌다. 삼성에 재직하는 아저씨와 까칠한 중학생 따님이다. 아, 그 짧은 순간 나는 신께서 그들로 하여금 경멸의 비웃음을 짓게 해주길 간절히 바랐다. 만약 그랬다면 비극은 희극으로 승화했으리라. 하지만 자비는 없었다. 두 사람은 재빨리 시선을 거두고, 황당하고 불쾌하지만, 겉으로 드러내지 않겠다는 결의를 온몸에 휘감은 채 내 앞을 지나쳤다. 비극은 트라우마로 굳었다. 그들이 사라진 후에도 나는 가상의 마이크를 쥔 손가락을 풀지 못한 채 한동안 움직이지 못했다. 아, 제길. 요즘도 가끔 그때 기억이 되살아나면 깜짝깜짝 놀라며 식은땀이 흐른다. 무거운 극세사 이불에 몸을 숨기고 돌이 되어 영원히 사라지고 싶다.

비슷한 일화는 여럿 있다. 지하 주차장에서 인기 농구 선수의 슈팅 자세를 흉내 내는 모습이 경비 아저씨에게 발각된 적도 있고, 재활용품 수집장 뒤편 후미진 골목에서 팝핀 웨이브 연습하는 장면을 통장님께서 목격한 적도 있다. 그 외에도 단지 내 곳곳에서 나의 소소한 연습 행위는 심심찮게 노출되곤 했다. 우리 동네에서는 나를 '연예인의 한을 품은 대머리 아저씨' 따위의 별명으로 부르고 있을지도 모른다.

다른 사람에게 내 모습을 드러내기를 꺼리는 편은 아니다. 오히려 나 자신은 어느 정도 무대 체질이라고 생각한다. 어린 시절부터 발표나 공연도 곧잘 했다. 나이가 들어서도 마이크를 들고 말하는 자리에서 일종의 쾌감이랄까, 만족이랄까 하는 충실한 느낌을 즐긴다. 상황에 따라 다르긴 해도, 나는 주로 말과 글, 행동을 통해 대상화되는 일에 인색함이 없는 편이다. 그렇지만, 엘리베이터를 기다리는 시간에 수행하는 막간의 연습을 이웃 주민에게 보이고 싶진 않다. 이런 상반된 태도는 뭘까? 시도 때도 없이 아재 개그로 언어 테러를 하는 것과 동네 후미진 곳에서 게임 캐릭터를 성대모사 하는 것은 뭐가 다른가.

분석해 보자면, 나는 혼자만의 행동을 목격 당한 상황 자체에는 별다른 부끄러움을 느끼지 않는 듯하다. 이에 관한 근거로 엘리베이터에 혼자 탑승한 경우를 들 수 있다. 나는 엘리베이터를 기다릴 때와 마찬가지로 엘리베이터 내부에서도 하고 싶은 행동을 여과 없이 실행에 옮긴다. 그곳은 검은 감시카메라가 위압적으로 내려다보는 공간이다. 나의 칼날 같은 춤사위와 영웅적 액션이 관리사무소 직원에게 실시간으로 전송되고, 심지어 HD 화질로 녹화된다는 사실을 모를 리 없지 않은가. 하지만 나쁘지 않다. 은근히 누가 감시해주길 기대할 정도다.

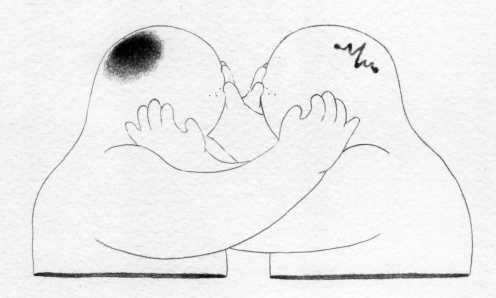

어쩌다 춤 동작이 유난히 잘 된 날에는 녹화를 극적으로 마무리하고자 감시카메라를 향해 포즈를 취하기도 한다. 이 정도 뻔뻔함이라면 내가 무엇을 하든 신경 쓰지 말라는 식으로 막 나갈 수도 있을 텐데.

이웃들 앞에서 느끼는 부끄러움은 어쩌면 목격자가 감당해야 할 불편함에 대한 심리적 반사 작용일 수도 있다. 22층에 사는 부녀는 예상치 못한 시간과 장소에서 괴이한 장면을 목격하고 평안을 잃었다. 이 때문에 자신이 거주하는 아파트 단지에 걸어둔 안정감이 얼마간 손상됐을 수도 있다. 따지고 들면, 일상의 소소한 연습은 굳이 감춰야 할 일이 아니다. 범죄가 아니잖아. 그러나, 누군가 원치 않게 불쾌한 장면을 대면했고, 그 장면을 연출한 주인공이 나라면 그건 신중히 반성해야 마땅하다. 무대 체질이든 연예인병이든, 그게 뭐든 간에 '부끄러움은 그들의 몫'이라는 식으로 무책임하게 굴어서는 곤란하다.

우리는 늘 다양한 종류의 신호를 내보내고 받아들인다. 그 신호는 많은 경우 말과 글이라는 형식을 띠고, 이에 따라 표정과 몸짓도 중요한 신호로 작용한다. 헤어스타일과 옷차림, 소지품과 같이 외모를 이루는 요소도 마찬가지다. 요즘에는 사진이나 그림으로 신호를 보내는 이들도 늘어났다. 이 중에는 '배고파'라는 말과 같은 단순 명쾌한 신호에서부터, '하금테 안경을 블랙 컬러 상의와 매치해서 차분한 이미지를 강조'하는 것과 같은 암시적인 신호에 이르기까지 다양하다. 말투나 행동은 물론, 외양, 스타일 역시 내가 다른 사람에게 보내는 일상의 신호로 작용함을 알아챈 사람들은 이를 활용해서 자신을 어떤 사람으로 보이게 할지를 고민한다. 화장법, 머리 매무새, 옷과 구두, 액세서리를 선택하는 일은 단순히 이성의 호감을 사거나 자신만의 개성을 과시하는 차원을 넘어, 타인이 자신을 어떤 식으로 인식하게 할지를 계획하고 설계하는 수준 높은 사회적 신호 디자인이라 할 수 있다.

몸과 마음을 다해 펼치는 나의 '엘리베이터 앞 퍼포먼스'는 어떨까. 그럴 의도가 아니었다 하더라도, 아파트 출입구에서 덩치 큰 중년의 아저씨가 과격한 몸짓으로 허공을 향해 뭔가를 치고받고 뛰어오르는 모습은 온건한 중류층 동네 주민으로서는 상상할 수도, 이해할 수도 없는 신호, 아니, 그 이상의 충격파로 작용하리라. 이곳에서는 서로를 예의 바르게 외면하는 신호가 자연스럽다. 가능한 한 눈을 마주치지 말고, 몸짓을 최소화하고, 억지 미소를 띤다. 이 정도 주파수 범위를 넘어선 신호는 당혹과 불쾌를 낳는다. 그러므로, 이런 나만의 행동이 누군가에게 신호로 포착당하지 않도록 특히 조심할 일이다.

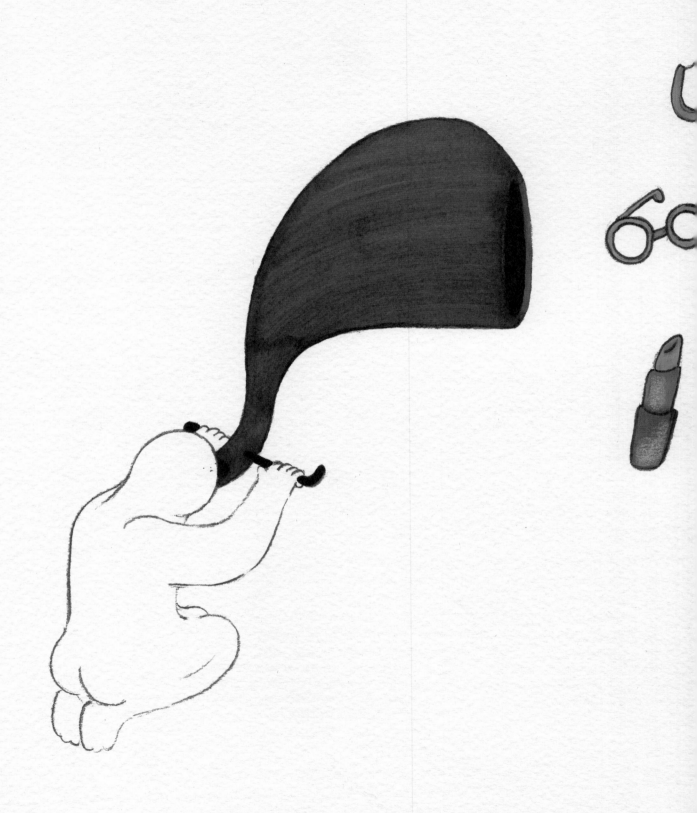

예전에 어떤 기관에서 직책을 맡게 되어 임명식에 참석할 일이 있었다. 그 기관은 꽤 권위적인 냄새를 풍기는 단체였다. 임명식에 참석하기에 앞서 받은 안내 이메일에는 정장을 입고 와달라는 요청이 적혀 있었다. 나는 그 요청을 대수롭지 않게 생각하고 평소에 자주 입던 무릎이 찢어진 청바지에 밤색 가죽 재킷을 걸치고 식장에 나타났다. 긴 외국 생활을 마치고 막 귀국한 터라 가진 옷 중에 정장이 없다는 편한 핑계가 있었고, 형식적 절차가 마냥 싫은 사춘기 반항 정신 비슷한 심리가 발동한 탓도 있었다. 임명식을 진행하는 직원들은 내 행색에 당황을 감추지 못해 안면이 초록색으로 변했다. 예상을 넘어선 그들의 충격적 반응에 별일 있겠냐 했던 나의 안일함이 무안했다. 직원 한 분이 정장 재킷을 하나 빌려와 나에게 걸쳐줬다. 되도록 눈에 띄지 않게 숨어 있으라는 당부도 덧붙였다. 임명장을 수여하는 사람은 그 기관에서 가장 직책이 높으신 어르신이었다. 요령껏 숨긴 했으나, 단상에 올라간 순간만큼은 어찌할 도리가 없었다. 급기야 최고 권력자께서는 나의 청바지와 티셔츠를 목격하고 말했다. 아뿔싸, 그것은 곧 기관을 향한 모욕, 권위를 향한 도전의 신호로 작용했다.

나는 한동안 이 '찢어진 청바지' 사건을 꼰대적 권위에 도전한 신입의 장렬한 에피소드 정도로 회고하곤 했다. 그런데 요즘에는 그 의미를 다르게 보는 중이다. 그 기관과 기관장, 그리고 직원들 성향이 다소 보수적이긴 하나, 그들이 구태의연한 형식과 절차를 강제함으로써 젊고 자유로운 영혼을 억압했다는 식으로 단순하게 해석할 수는 없다. 관계와 정황은 생각보다 복잡하기 마련이다. 그런 식으로 따진다면 장례식장에서 검은색 옷을 입는다든지, 종교 사원에서는 떠들지 않는다든지 하는 모든 의례적 관습을 무시해도 좋다는 결론에 도달할지도 모른다. 실용적 이유가 결여된 어떤 사회적 관습 중에는 소통의 신호로 작용하는 것들이 꽤 있다. 보수적 기관의 복장 규정은 그 기관과 구성원을 향한 존중심을 표현하는 일종의 사회적 신호로 볼 수 있다. 그러한 신호 체계를 숙지하지 못한 나는 의도치 않게 많은 사람을 놀라게 했고, 몇몇 사람을 화나게 했다. 이는 엘리베이터에서 죄 없는 22층 부녀에게 당혹감을 안겨준 일과 묘하게 닮은 구석이 있다.

'언어'라는 단어는 원래 말과 글을 뜻하지만, 요즘에는 사회에서 통용되는 모든 종류의 신호와 상징을 포괄한 의미로 쓰기도 한다. 말과 글은 관습적으로 약속된 추상적 기호를 통해 생각을 표현한다. 이 추상성 덕분에 말과 글은 표현 방법이 더없이 단순 명료하지만, 동시에 지시 범위와 뉘앙스가 흐리터분하다는 부작용도 발생한다. 이를 보완하고자 사람들은 표정, 손짓, 그림, 사진, 패션, 사물 등과 같은 이미지 언어를 동원한다. 하지만 투명한 소통은 여전히 까마득하다. 매일같이 SNS에, 블로그에, 카톡에 수없이 많은 단어와 짤방을 올린다 한들, 그걸 읽은 수천 명 중에 내 마음속 풍경을 똑같이 떠올릴 사람은 단 한 명도 없다. 이 불가능에 가까운 일을 아주 조금이라도 성취하고자 지금껏 인류는 죽을 힘을 다해 문학, 예술 작품을 만들지 않았던가. 결국, 인간이란 자기 자신이라는 두껍고 견고한 표피 안쪽에 고립된 채로, 다른 이에게 나의 존재를 알리기 위해 온갖 잡다한 신호를 던지며 살아가야 하는 운명인지도 모른다.

'엘리베이터 앞 퍼포먼스'와 '찢어진 청바지'를 사회적 언어로 연결지어 정리한 뒤로 최근에는 또 다른 어떤 신호를 놓고 고민하는 중이다. 이것은 형식 면에서 극도로 단순하지만, 의미 면에서는 다채로운 층위를 내포한 문자 신호다. 요즘 사람들이 SNS나 톡에 올리는 글에는 어김없이 'ㅋ'이 찍혀 있다. 단어나 문장의 끝에 더해져서 미묘한 뒤틀림을 더하거나, 때로는 그것만으로 독립적인 문장(?)을 이루기도 한다. 현기증 난다. 무슨 말을 던져도 돌아오는 건 'ㅋㅋㅋ'. 문자 메시지에서 'ㅋ'이 등장하는 빈도는 점차 늘어나는 추세다. 웃음소리에서 유래한 이 최신 어금닛소리는 근 십여 년 동안 사이버 세상에서 폭발적 인기를 구가한 결과, 이제 가장 중립적인 일상어로 자리 잡기에 이르렀다. 우리는 키패드 왼쪽 구석 키읔을 눌러대며 아무 말도 하지 않는 동시에 모든 말을 할 수 있길 바란다. 어차피 어떤 신호를 내던지든 청중은 그것을 자기 멋대로 해석하거나, 아니면, 아예 읽지 않을 것이 뻔하다. 그럴 바엔 구질구질하게 여러 말 늘어놓기보다 'ㅋㅋㅋ'든 뭐든 빈껍데기 기호 하나 던져놓고 상대방이 바라는 대로 해석하도록 놔두는 편이 현명하지 않겠는가. 여기까지 생각이 이르니, 이 글 역시 내 생각 좀 읽어달라고 질척대는 것 같아 기분이 찌뿌둥하다. 전체선택 삭제하고 그저 쿨하게 'ㅋ'이라고 한 글자만 써서 보낼까. 그럼 원고료 십원 ㅇㅈ? ㅇㅇㅈ.

연애의 언어

언어 차이가 연애에 미치는 영향

모국어가 통하지 않는 남자와 모국어가 통
하지 않는 나라에서 연애를 하며 산다는 것.

글 이숙명 사진 김혜원

"You can't make Cocopop white."

크리스마스 파티에서 돌아온 건 새벽 세 시가 넘어서였다. 술에 취하면 기분이 언짢아지는 그는 불어, 영어, 인도네시아어 3개 국어로 번갈아 화를 내며 잠꼬대를 했다. 그가 깨기 전, 자신의 꿈에 작별 인사를 하듯, 한결 누그러진 목소리로 남긴 마지막 잠꼬대가 그거였다. '너는 코코팝을 하얗게 만들 수 없어.' 코코팝은 우리가 먹는 시리얼 이름이고, 당연히 코코아색이다.

"What happened to your Cocopop?"

"Did I dream about Cocopop?"

"Yes. You said something like 'You can't make Cocopop White.' seriously."

"Of course. Cocopop is very serious topic. 'Don't make my Cocopop white or I will kill you!'"

그는 위협적인 목소리로 말한 후 웃음을 터뜨렸다. 나도 웃었다. 마흔두 살은 정색하고 '코코팝' 같은 소리를 입에 담기엔 좀 덜 귀여운 나이이지 않은가. 나는 개나 소나 주워들은 프로이트로 남의 꿈을 문학작품 속 은유처럼 분석하려 드는 데 진력나는 사람이다. 하지만 다인종 환경에 오래 노출되다 보면 '블랙', '화이트', '옐로' 따위 단어에 민감해지는 건 어쩔 수 없다. 다시 말해 나는 그것이, 그의 무의식이 우리 관계를 그려내는 방법이 아닐까 추측했다. 나의 추측에 동의하듯, 그가 내 어깨에 팔을 두르며 말했다.

"I need to go back to sleep, my Cocopop."

도마뱀 똥으로 얼룩진 지저분한 벽에 새벽빛이 야자수 그림자를 드리우고 있었다. 정원에서는 다 익은 망고가 나무에서 떨어지는 소리가 간헐적으로 들려왔다. 나는 곧 다시 잠이 들었다.

Je ne comprends pas

인도네시아에 온 후로 현지인보다 프랑스인들과 말을 섞을 일이 더 많았다. 전날 파티도 그랬다. 프랑스인 10여 명, 이탈리아인 두 명, 인도네시아 출신 불독 한 마리, 그리고 한국인 한 명이 있었다. 나 빼곤 모두 백인이었고, 프랑스어와 영어와 인도네시아어를 할 줄 알았다. 심지어 희미한 갈색 반점이 있는 통통한 불독조차 바탕은 흰색이었고, '니키타'라는 프랑스식 이름을 가졌으며, 'Sit(영어로 앉다)'과 'Asseoir(불어로 앉다)'와 'Duduk(인도네시아어로 앉다)'을 이해했다. 나는 모두에게 내가 아는 유일한 완결형 프랑스어 문장으로 인사했다.

"Je ne comprends pas."

나는 (불어) 이해 못 해요. '영어라고 그리 잘하는 건 아닙니다만.'이라는 말은 생략했다. 우리는 랍스터와 푸아그라와 파스타를 먹고 소맥과 와인과 럼을 마셨다. 밤새 시끄러운 테크노 음악이 울려 퍼졌다. 섹시한 블랙 드레스를 입은 이탈리아 여자는 모든 남자들과 살을 비비며 춤을 췄다. 술 취한 프랑스인들은 인도네시아에서 살기 위해 포기해야 하는 아까운 것들을 (마리화나, 애시드, 엘에스디 등) 얘기했다. '정신 나간 Bule(인도네시아어로 백인을 일컫는 속어. 어감은 '흰둥이' 정도 된다)들.' 그들은 내가 다른 데로 주의를 쏟는다 싶으면 어김없이 불어로 대화를 시작했다.

"Qu'est-ce que c'est…?"

내가 그의 귀에 속삭이면 이런 답이 돌아왔다.

"Food. Frenches talk about food all the time. I'm sick of it."

나는 그에게 말하고 싶다. 나도 음식 얘기 좋아해. 김치찌개, 떡볶이, 평양냉면, 통영 다찌집, 불고기… 그런 얘기 하고 싶어. 하지만 너는 밀가루로 만든 것들을 즐기지.

나는 우아하게 대화에 열중하는 무리를 피해 죽어라 술을 들이붓고, 음악을 바꾸고, 춤을 추거나 서성이며 헛소리를 해대는 주정뱅이들 사이에서 앉을 자리를 찾아냈다. 그러고는 '무심한 듯 시크한 동양 여인' 연기를 시작했다. 그거라면 내가 전도연보다 잘할 수 있다. 아무리 재능보다 경험이 낫다지만 감히 '칸의 여왕'을 비교 대상으로 삼는 건 너무하지 않냐고 묻는다면, 봐라, 내게 쏟아진 트로피를. 가만 있는 내게 사람들이 와서 말했다. 아이러브유. 유아소뷰리풀. 리얼리. 나는 다 안다는 듯 여유롭게 고개를 끄덕이며 미소짓는다. 아이러브유투. 땡스.

그가 다가와 속삭인다.

"Did you know that you impressed people?"

"Did I?"

"Yes. Because you are the only Asian here. You are unique. Enjoy it."

잠시 후 연애문제로 실의에 빠진 그의 친구가 와서 서글픈 얼굴로 말했다.

"How can you always be cool?"

"Cause I'm an Asian. We think everything will be gone at the end."

나는 그렇게 흰 우유에 빠진 코코팝이 되었다. You can't make me white, I will make you brown.

하지만 당신도 아시다시피

흰 우유의 협조가 없으면 코코팝은 달아빠진 갈색 과자일 뿐이다. 언젠가 나는 초코 크런치 군을 만난 적이 있다. 이란계 이스라엘리인 그의 피부는 나보다 짙었다. 어느 날 그와 그의 친구와 그의 친구의 어머니와 내가 함께 밥을 먹었다. 그의 친구의 어머니는 영어를 하지 못했다. 나는 히브리어를 하지 못했다. 그들은 다수의 편의를 택했다. 나의 무심한 듯 시크한 동양 여인 연기는 그리 잘 먹히지 않았다. 관객이 아무도 없었기 때문이다. 나는 곧 억지 미소를 포기하고 접시 위 구운 생선의 비늘 수를 세기 시작했다. 내 귀가 무언가를 알아먹고 0.1밀리미터쯤 뾰족해진 것은 생선 비늘 수를 다 세고 뜯어 발겨진 뼈다귀의 작은 마디 숫자까지 세고 난 후였다. 전 세계 어떤 언어로 발음하더라도 여자 이름이 분명한 고유명사와 'Sexy'가 한 문장에 들어 있었다. 나는 희미한 소음 속에서 의미를 가진 언어를 감지한 사람이 응당 그러듯 반사적으로 고개를 들었다. 재빨리 알아챈 것은 그의 친구의 어머니였다. 왜인지 나는 그녀의 말을 이해할 수 있었다.

"네 여자친구가 듣잖아, 이 철딱서니 없는 자식아!"

얼마 후 나는 초코 크런치 군과 헤어졌다. 사실 지금도 그 생각을 하면 그의 모가지에 생선 뼈다귀를 꽂아주고 싶다. 하지만 대신 날벼락을 맞은 것은 흰 우유 군이었다.

"You talked in French for 20 minutes. This is not about girlfriend-boyfriend thing. You made me isolated at the table. It's so rude even if I am not your girlfriend. That was why I left the table without having dinner."

언젠가 화를 내며 그런 말을 한 후, 그는 프랑스어를 쓸 때면 내게 허락을 구했다.

"괜-차나?"

"괜찮아."

"조아?"

"좋아. Saya senang."

그는 나의 어설픈 인도네시아어에 고개를 끄덕인다. 그가 알아먹지 못할 말로 알아먹지 못할 얘기를 하는 동안 나는 스마트폰으로 영어, 불어, 바하사 인도네시아어 낱말 퀴즈를 풀며 속으로 흥얼거린다. 나는야 코코팝, 너는 흰 우유, 언젠가 우리는 모두 사라지고 갈색 찌꺼기만 남겠지. 하지만 그건 아주 달콤해서 세상 모든 개미들을 꾈 거야. 괜찮아. 좋아. 케세라세라.

언어불통의 괴로움을 실감 나게 전달하려는 저자의 의도에 따라 해석을 싣지 않았습니다.

시시詩詩한 이야기

평론가 부부의 사생활

말의 문턱을 넘는 일, 말의 결정적인 순간은 거기에 있는지도 모른다. 그 순간에 어떤 말은 말로 태어나고 어떤 말은 말이 되지 못한다. 그런데 말이 되지 못한 말이 곧 소멸된다고는 할 수 없다. 그것은 여전히 말의 주위에 이상한 형태로 남아 특별한 말문을 연다. 우리는 그 말을 종종 '시詩'라고 부른다.

글 김나영, 송종원

연시戀詩 메들리

얼마 전 시인들의 연애시를 떠올려본 적이 있다. 특별한 이유 때문에 그런 것은 아니었다. 굳이 연유를 따지자면 그쯤 읽던 책에 대략 이런 구절들이 있었다. "시를 가장 잘 읽는 방법 중 하나는 그것을 사랑하는 사람에게 받은 편지처럼 읽는 것이다.", "연애편지를 한 번에 독파하는 사람은 없다. 연애편지를 읽는 그 순간 우리는 누구나 섬세한 언어학자가 되어 한 언어가 지닌 표현의 다양성과 불가능성에 대해 예민하게 생각하게 된다." 맞는 말이다. 누군가의 말을 여러 번 음미하고 그 말의 숨은 맥락을 오래 고민하는 일을 우리는 잊고 사는지도 모른다. 좀 냉정하게 말하면 우리는 서로의 말을 대충 듣고 대충 이해하면서 사는 건 아닐까. 물론 모든 말을 여러 번 되새기며 사는 일도 꽤 피곤한 짓이라는 생각이 든다. 어떤 하루는 말들을 속절없이 흘려보내야 살 만한 날이 되기도 한다. 하지만 어떤 날은 무심히 흘러가는 시간을 붙들어 세워놓고 시간의 깊은 지층으로 파고들어가게 하는 내밀한 언어가 절실하기도 하다.

그러다 얼마 전 폭설이 내린 날, 농담처럼 책상 위에 놓인 백석의 시집을 들춘 게 시작이었다. 백석은 "오늘밤 눈이 나리는 게 가난한 내가 아름다운 나타샤를 사랑해서" 라고 읊었던 시인이다(〈나와 나타샤와 흰당나귀〉). 자기가 사랑했던 사람(가족, 친구, 이웃 그리고 연인)과 공간을 늘 떠올리며 살았던 사람, 만나면 꼭 생선구이를 앞에 두고 정종 한 잔을 나누고 싶은 사람, 백석. 먹는 것을 이야기하니 이성복 시의 어느 저녁도 떠오른다. '늦고 헐한 저녁', 낯선 바람이 부는 미끄러운 거리를 통과해 간이 식당으로 저녁을 사먹으러 가는 길, 시인은 당신이 맞은편 골목에서 나를 알아볼 때까지 나는 하염없이 정처없다고 적었다(〈序詩〉). 시세계로 보면 이성복 시인의 짝은 왠지 최승자 같다. 지독하게 살고 지독하게 쓰는 시인 최승자는 마치 모든 삶을 전투처럼 살아내고 그 전투에서 승리할 사람인 것만 같다. 그녀는 연애의 감정 또한 전투적으로 다룬다. 〈그리하여 어느 날 사랑이여〉에서 시인은 이렇게 적었다. "그리하여 어느 날 사랑이여,/ 내 몸을 분질러다오/ 내 팔과 다리를 꺾어// 네// 꽃/병/에// 꽃/아/다/오" 꽃병에 꽂힌 꽃처럼 나의 사랑을 가둘 수 없다는 말일까. 또는, 기어이 그 꽃병을 깨뜨려 낭만적 사랑의 허위를 들추어내겠다는 선언일까.

장석남의 시에는 자주 연애의 감각이 묻어 있다. 〈배를 매며〉에서 시인은 이렇게 말한다. "사랑은 호젓한 물가에 넋놓고 앉아 있다가 배가 들어오면서 던져준 밧줄을 받는 것, 그래서 어쩔 수 없이 배를 매게 되는 것"이라고. 별것 아닌 말 같은데 곱씹으면 곱씹을수록 그럴듯하다. 배를 매듯, 나도 모르게 몸을 움직이고 나도 모르게 누군가를 돕게 되고, 또 나도 모르게 내가 좀 더 좋은 사람이 된 것 같은 그런 순간에 우리는 사랑을 나누고 있는지 모른다. 장석남 시인이 이별의 순간을 〈배를 밀며〉라는 시에 담았다는 사실은 아는 이는 알 것이다. 장석남 시인은 섬에서 태어난 것으로 알려져 있다. 섬이라는 이미지 때문인지, 장석남이라는 배를 타면 자연스레 김종삼이라는 바다에 이른다. 김종삼 시인은 〈어부〉에서 "살아온 기적이 살아갈 기적이 된다고, 사노라면 많은 기쁨이 있다고" 썼다. 저 기적과 기쁨이 사랑과 무관하다고 말할 수 있는 자 누구인가.

대학 때 문학반이라는 학회에 참여한 적이 있다. 그 학회 고학번 남자 선배들은 사랑하는 연인에게 들려줄 만한 시라며 늘 외우고 다니는 작품이 하나 있었다. 지금 생각하면 조금 어이가 없는 게 결혼도 안 한 그이들이 외우던 게 바로 황지우의 〈늙어가는 아내에게〉였기 때문이다. 하지만 이 시의 도입부는 지금 들어도 여전히 설렌다. "내가 말했잖아/ 정말, 정말, 사랑하는, 사랑하는, 사람들,/ 사랑하는 사람들은,/ 너, 나 사랑해?/ 묻질 않어/ 그냥, 그래,/ 그냥 살어/ 그냥 서로를 사는 거야/ 말하지 않고, 확인하려 하지 않고/ 그냥 그대 눈에 낀 눈곱을 훔치거나/ 그대 옷깃의 솔밥이 뜯어주고 싶게 유난히 커 보이는 게야." 많아서 말을 더듬듯 반복하게 되는 구절이 많은 이 도입부를 술 취한 가락에 맞추어 읊조리는 목소리를 만날 때면 술집의 불빛이 조금은 환해지는 것도 같았다.

아내에 관한 이야기가 나오니 자연스레 결혼식의 축시도 떠오른다. 나 역시 문학과 관련한 일을 하는 까닭에 친구들에게 축시 비슷한 것을 요구받은 적이 있었다. 한 친구의 결혼식에 가서는 박상순 시인의 〈Love adagio〉를 읽어준 적이 있다. 그 시를 골랐던 이유는 "그의 마른 몸이 내 지붕에 닿았다 떨어지는 소리"라는 구절이 뜨거운 사랑을 담고 있어서였고, 또 "그의 불행이 나의 지붕에 닿았다 떨어지는 소리"라는 구절이 슬프면서도 따뜻해서였다. 그러고 보니 아내와 나의 결혼식에서 친구 시인들이 낭독해준 시도 있다. 내가 가끔 고모라고 장난치듯 부르는 강성은 시인은 우리 둘을 새에 빗대어 "이 나무에서 저 나무로 이 계절에서 저 계절로 어느 먼 나라의 깊은 숲속에서 우리는 함께 날아다녔다."고 축복해주었다. 고민이 생길 때마다 찾는 형 같은 신용목 시인은 "그대여, 우리 사랑은 아무래도 덧나야겠습니다. 덧나서 물큰하게 흐르는 향기. 함께 흘러야 할 많은 날들을 꿈꾸어야겠습니다."라고 낭독해서 우리 장인 어른의 눈물을 쏙 빼놓았다.

'심장에 가까운 말'

나의 장인 어른은 시인은 아니지만 때때로 나에게는 시인처럼 보인다. 술을 너무 잘 드셔서 하는 이야기는 아니다. 결혼 초 아버님이 운전하시는 차의 옆자리에 앉아서 어렵게 이런저런 이야기를 나누던 때, 질문할 것이 마땅하지 않았던 나는 무심코 나영이 커서 무슨 일을 했으면 좋겠다고 생각하셨는지를 여쭤본 적이 있다. 아마도 낙동강변 도로를 지날 때쯤이었던 것 같은데, 아버님은 무슨 생각을 하시는지 해지는 강변길을 한참이나 내려오다 살짝 웃으시며 그런 생각 해본 적이 없는 것 같다고 답하셨다. 아버님께서 그냥 잘 자라기만을 바랐다고 덧붙이는 순간, 아차 싶었지만 동시에 그 말이 너무 좋아 내 마음을 물들였다. 창밖에 흐르는 강물보다 아버님의 옆얼굴이 더 깊어 보였고 강물에 비친 노을보다 그런 생각 해본 적이 없다는 말의 빛이 더 그윽했다. 그 말은 어쩌면 내가 좋아하는 아버님의 '심장에 가까운 말'이 아니었을까.

'심장에 가까운 말'이란 제목의 시집을 낸 시인은 박소란이다. 박소란 시인의 시집에는 '가난한 사랑 노래'가 있다. 가난해서 사랑의 순간이 삶의 우선순위에서 자꾸 뒤로 밀리고, 가난해서 사랑이 자꾸 남의 일처럼 되어버린 사람의 목소리, 생활의 냄새가 지독하게 사랑의 기미를 집어삼키는 이야기가 그녀의 시집에는 녹아 있다. 나는 이 시집을 통해 '다음에'라는 말이 얼마나 아픈 말인지를 알았고 김밥천국에서 데이트를 나누는 친구들의 고된 삶을 슬쩍 엿보기도 했다. 그러고 보니 아내와 막 사귀기 시작했던 10년 전쯤에 쌀을 사러 들른 이마트에서 시식 코너를 몇 번씩 돌며 데이트를 한 적도 있다. 그때 먹었던 만두의 텁텁한 맛이 놀랍게도 여전히 또렷하게 기억난다. 그 맛을 떠올리니 생각나는 시가 또 한 편이 있는데, 그 이야기는 다음번에 기회가 닿을 때로 미뤄둬야겠다.

시적詩的이고
사적私的인 언어

흔히 말과 문자를 통틀어 언어라고 여긴다. 여기에는 소리 대신 손동작으로 전달되는 수화나 시각이 아닌 촉각으로 읽어내는 점자 또한 포함된다. 그러니 달리 말해 언어는 누군가가 다른 누군가에게 자신의 생각과 감정 등 내면에서 일어나는 어떤 움직임과 변화의 내용들을 전달하는 형식이라고 할 수도 있을 것이다. 하지만 과연 이것이 언어의 전부일까. 철새와 풀벌레와 돌고래와 북극곰과 꿀벌에게도 나름의 언어가 있다는 이야기까지는 하지 않더라도, 우리가 가진 언어의 한계 없음에 대해서는 더 생각해볼 여지가 일상의 곳곳에 있다. 가령 알아들을 수 없는 소리와 몸짓으로 끊임없이 자신의 요구를 표현하는 아기의 언어에 관해서, 혹은 너무나 많은 생각에 파묻힌 사람의 가장 시끄러운 침묵에 대해서. 그런 것은 너무도 개별적이고, 그렇기에 가장 내밀한 언어다. 대부분의 사람들이 내 안에 그런 말들이 있었는지 잊어버리고, 여전히 그런 말들이 몸속 어딘가에 남아 있는지도 모르는 채로, 혹은 모른 체하면서 살아가기도 하는 그런 말들 말이다. 언어에 대해서라면 그런 내밀함에 연관한 것들을 먼저 떠올리게 된다. 언어란 무엇보다도 자기 자신을 이 세계 속에 풀어놓는 말이라고 생각하기 때문이다. 다시 말해 언어는 내가 나라는 사실을, 내가 이 세계의 무엇과도 완전히 같지 않기에 이 세계의 모든 것들과 공존할 수 있다는 사실을 증명해 보일 만한 유일한 수단이기 때문이다. 내가 나로서 존재한다는 것을 증명한다는 점에서 언어는 때로는 그림이고, 때로는 음악이며, 때로는 몸짓이고, 때로는 그저 우두커니 앉은 몸뚱어리다. 모든 것이 달리 그렇게밖에 존재할 수 없다는 것을 표현해서 누군가를 설득하고 감동하게 만들기에, 그런 언어들은 가장 사적이면서 시적이다. 그렇게 모든 언어는 단 하나의 언어다.

언어는 겨우 한 사람이
되기 위해

존재의 처음, 혹은 육체적으로나 정신적으로 가장 말랑말랑한 상태로 여겨지는 아기들은 끊임없이 말하기를 시도한다는 점에서도 특별하다. 아기는 엄마, 아빠라는 호칭을 통과하고 나면 의기양양, 좀 더 자신 있게 자기에게 친숙한 대상들을 차례로 호명하기 시작한다. 맘마, 빠방, 부릉, 멍멍, 응가. 조그마한 손가락으로 그것들을 가리키면서 '이게 뭔지 알아? 내가 알려줄게' 하는 자못 진지한 눈빛과 태도로 몇 번이고 반복해서 그것들을 부른다. 그렇게 불려 나오는 것들이 아기의 세계를 이루며 조금씩 그 세계를 넓혀간다.

그때 아이는 과연 제가 무엇을 '말하고 있다'는 사실을 알고 있을까. 확실한 건 아이는 자신을 보는 어른들을 바라보고 있다. 탄성을 내뱉고 활짝 웃으며, 마치 이 세계의 주인공이 너라는 확신을 주듯이 자신에게 집중하는 어른들의 모습을 말이다. 아이가 무엇과 무엇을 호명할 때 그 과정에서 특별한 것은 어쩌면 아이의 덜 여문 발음이 아니라 아이의 말을 거듭 유도하는 어른들의 무장해제된 표정, 어쩔 도리 없이 그저 흘러나오는 환희의 표현들일지도 모른다. 웃음소리, 각종 감탄사, 그리고 온 얼굴의 근육이 이완된 듯한 표정을 포함해 뭐라 이름 붙이기조차 어려운 자잘하고 무수한 행복감의 표현들. 우리는 어째서 아기의 말 아닌 말 앞에 그렇게 한순간 경탄하고, 질리지도 않고 그 말을 거듭 청하며 저절로 시선과 발음을 아이의 그것에 맞추게 될까.

각각의 음가가 정확히 발음되지 않은 채로 뭉뚱그려진 단어들, 그것을 주워 먹고 생겨나는 듯한 웃음들. 그런 것들이 아기와 어른 사이를 채운다. 그때 그 사이라는 물리적인 공간 내지는 거리감은 사라지는 것이나 다름없다. 아이는 자신을 바라보는 어른에게서 바로 자신을 보기 때문이다. 라캉은 이를 거울단계라고 말한 바 있으나, 굳이 정신분석학의 설명을 빌리지 않더라도 우리는 알고 있다. 아기는 자신을 바라보는 자의 표정에서 자신의 감정을 읽어낸다는 것을. 엄마가 울면 아기는 슬프고, 엄마가 웃으면 아기는 금세 기쁘다. 울음과 슬픔, 웃음과 기쁨 사이에 어떤 설명이나 논리가 끼어들 여지가 없다. 아기에게는 엄마가 나이고 내가 엄마이기 때문이다.

말을 터득하기 전의 아기에게 언어는 어른들이 말 대신 보여주는 표정과 소리와 동작이다. 아기의 눈이 해내는 소통과 이해의 방식은 언어를 배운 이후 말과 의미에 사로잡힌 우리의 대화가 잃어버린 것들을 다시 생각하게 한다. 나와 네가 언어를 통해서 소통한다고 할 때, 소통은 단순히 전달하고자 하는 정보를 주고받을 수 있는 정도에 그치는 능력이 아니다. 언어 아닌 언어, 상대의 침묵을 포함해 말과 말 사이의 주저함, 멈칫하는 태도, 스쳐 지나가는 표정 같은 언어의 공백에서 우리는 좀 더 많은 것들을 읽어낼 수 있다. 그러니까 언어는 우리가 각자 한 사람이 되기 위해서 필요한 모든 종류의 표현들, 그리고 그 표현을 감지하고 해석해내는 능력까지를 아우르는 것이어야 한다. 그러니 저마다가 서로에게 한 사람의 몫을 하기 위해서 우리는 매일 지치지도 않고 거듭 상대에게 요청해야 한다. 한 번에 바로 알아들을 수 없는 당신의 말. 그 말을 기꺼이 받아 안고 자신의 세계 속에 들여놓으려 할 때, 이해해보려 애써야만 하는 그 비의에 거듭 기쁘게 경탄할 때 우리는 우리의 세계에서 겨우 한 사람이 될 수 있기 때문이다.

すべて は 話力 る は ず だ

안녕, 독일의 미녀님
다음에 또 만나요!

닥터 베로 김형규의 코믹 프리즘

어린 시절 독일의 멋진 미녀를 만나게 되면 해주고 싶었던 말이 있었습니다. "Hallo, Deutsche der Schönheit! Auf Wiedersehen!" 무슨 뜻이냐고요? "안녕, 독일의 미녀님. 다음에 또 만나요!"라는 말이죠. 말을 배우고 말을 하기까지, 우리는 어떤 힘을 갖게 되는 걸까요? '언어'라는 이야기를 둔 하나의 프리즘Prism을 이야기합니다.

글 김형규

고등학교에 입학하고 한 학년인가를 보낸 후에 제2 외국어로 독일어를 선택 했습니다. 선택을 할 수 있는 언어는 독일어, 불어, 일본어 정도였던 것으로 기억해요. 왜 독일어를 선택했는지는 기억이 가물가물하네요. 독일어가 왠지 더 멋져 보였는지, 아니면 영어와 어순이 같아서 점수를 받기가 조금 쉽다는 이야기를 주워들은 것인지, 혹은 1991년 11월 11일에 발표된 신승훈 형님의 '보이지 않는 사랑'의 앞머리에 흘러나온 베토벤의 가곡 'Ich Liebe Dich사랑합니다' 부분이 너무 멋지게 들렸는지는 알다가도 모를 일입니다. 심증적으로 신승훈 형님의 노래 때문일 수도 있겠다 생각이 드네요.

"Ich liebe dich, sowie du mich, am Abend und am Morgen, 이히 리베 디히 조뷔 두 미히 암 아벤트 운트 암 모~르겐, 사랑해선 안 될 게 너무 많아, 캬!"라고 공책에 깨알같이 적어놓고 "나는 너를 사랑해, 네가 날 사랑하듯이 저녁에도 아침에도"라고 번역을 하며, 중얼중얼 외우자 외워…. 매우 중요한 문장이야. 독일에 가면 꼭 써봐야겠어. 중얼중얼. 독일의 미녀에게 꼭 이 문장을 들려드리리. "음, 역시 독일어는 뭔가 멋진데? 제2외국어는 독일어로 해야겠어! 음헛헛헛!" 하며 콧구멍을 벌름거리는 겨울 방학의 고등학생 김형규 군을 상상합니다. 거의 99.87퍼센트의 확률로 정확한 영상이 파노라마로 펼쳐지는 듯합니다. 아아, 나란 존재여. 그런 이유였겠지? 안 봐도 비디오다 이놈아. 여러분은 지금 가요 한 곡이 다른 나라의 언어와 이미지를 미화시키는 현장을 보고 계십니다.

뇌 내 망상과 공상으로 독일어를 선택했기에 2년 동안 독일어를 공부하며 교과서를 달달 외우고, 시험점수는 매번 백 점이었더라도 지금 제가 기억하는 독일어라곤 신승훈 형님의 '보이지 않는 사랑'의 '이히 리베 디히' 저 문장 하나와 정관사 1격에서 4격 외우는 방법-데어데스뎀덴 디데어데어디 다스데스뎀다스 디데어뎀디-이 전부입니다. 다른 세계의 소환수를 불러오는 주문인가요…. 고등학교 때 배운 많은 지식들은 어디로 간 것인지 아리송합니다.

중·고등학교 시절 수업 시간에 배운 것들 대부분이 독일 미녀가 노를 젓는 망각의 나룻배를 타고 어디론가 사라졌어도, 강렬하게 제 기억 속에 각인된 내용이 있습니다. 그것은 바로 중학교 때 국어 시간에 배운 "언어는 에네르게이아Energeia이다. 말은 무언가를 변화시키는 힘을 가진다."라는 내용입니다. 독일 언어 철학의 중심인물인 훔볼트Humboldt 선생님께서, (또 독일이네요…음…일부러 독일 이야기를 하려고 하는 것은 아닙니다. 중얼중얼) 언어를 에르곤이 아니라 에네르게이아로 파악하고 '내적 언어형식Innere Sprachform이다.'라는 생각을 했다고 하는데요, 아 이게 무슨 소리일까. 눈으로 읽고도 당최 이해가지 않습니다. 어렵고 이해하기 힘든 내용은 잠시 옆으로 치워두고, '언어가 무엇인가를 변화시키는 힘을 가진다.'는 이 내용이 제 마음 한구석에 커다란 울림으로 새겨졌습니다.

갑자기 만화에 등장하는 밤하늘의 별처럼 많은 등장인물 중에, 언어의 마술사라고 불릴 만한 캐릭터는 누가 있을까 궁금해졌습니다. 말을 너무나도 잘하는 달변의 인물도 있을 것이고, 짧은 대사로 촌철살인의 묘미를 보여주는 캐릭터도 있죠. 또 말로 다른 사람을 조종하고 움직이고 변화시키는 '언령言靈', '언혼言魂'의 힘을 가지는 주인공도 있습니다. 이 언령이라고 하는 것은 일반적으로 일본에서 신앙 중 하나라고는 하지만, 신·구약 성경을 포함하여 우리나라는 물론, 전 인류적으로 보편타당하게 받아들이는 믿음이라고 생각하면 좋을 듯합니다. 착한 말을 사용하자. 나쁜 말을 사용하지 말자. 유치원 때부터 배우는 가장 기본적인 이야기죠? 소리를 내어 말한 언어가 실제 현실에 무언가 영향을 준다고 믿으며, 좋은 말을 하면 좋은 일이 일어나고, 불길한 말을 하면 나쁜 일이 일어난다고 여기는 것이에요. 덕담, 축복, 악담, 저주처럼요.

언어의 힘을 가장 강력하게 구사하는 인물로는 누가 뭐래도 오카노 레이코 선생님의 유려한 작품인《음양사》의 '아베노 세이메이'를 꼽을 수 있습니다. 유메마쿠라 바쿠의 원작소설을 데즈카 오사무의 며느리로 알려져 있는 (과연 사실인지는 아무도 몰라… 며느리도 몰라…) 오카노 레이코님의 작화로 만나볼 수 있습니다. 이 작품의 주인공 아베노 세이메이는 제가 감히 단언하건대 남녀노소, 인간과 자연과 정령, 사물과 영혼을 통틀어 가장 섹시한, 아니 섹시하다는 말은 너무 말초적이네요. 색기色氣로 바꾸어볼까요? 색기를 지니고 풍기는 인물이라고 말할 수 있습니다. 수려한 외모와 유려한 말솜씨, 격조와 품위 있는 움직임이 대단한 인물이죠. 그가 1권에서 또 다른 주인공인 미나모토 히로마사와 나누는 대화는 에네르게이아로서의 언어에 대해 깊은 생각을 하게 해줍니다.

"히로마사, 이 세상에서 가장 짧은 저주란 뭘까? 가장 짧은 저주란 이름이네. 산이나 바다, 나무나 풀, 그런 이름들도 저주의 하나네. 저주는 곧 존재를 속박하는 거야. 사물의 근본적인 실체를 속박하는 게 바로 이름이지. 이를테면 자네는 히로마사라는 저주를, 나는 세이메이라는 저주를 받고 있는 사람이란 소리일세. 이 세상에 이름 없는 존재가 있다면 그건 아무것도 아닌 것이네. 존재하지 않는다고 말할 수 있지. 게다가… 눈에 안 보이는 존재조차 이름이라는 저주로 속박할 수가 있지."

그야말로 언어가 가진 본질적인 힘을 표현하는 대사입니다. 머릿속에 떠오르는 생각을, 입 밖으로 표현하겠다는 확고한 의지를 가지고 근육에 힘을 전달하여, 발성 기관을 통해 성대와 구강구조물을 울리며 몸 밖으로 나오는 음파의 진동. 이 소리가 단지 그냥 그렇게 공기 중으로 사라지는 것이 아니라, 힘을 가지고 상대방을 변화시키고 움직이게 하는 주술과도 같은 능력인 것이죠. 누군가 저에게 "형규야 이리 와 봐!" 하고 외치면 저는 그 소리가 나는 곳이 어디인지 찾고 그 장소로, 혹은 그 인물에게 달려갈 것입니다. 그런 일이 벌어지는 이유는 평생 동안 제 이름이 저란 존재를 대단히 단단하게 속박하고 있으며, 물리적인 접촉으로 직접 저를 잡아 끌어당기지 않아도, 언어 자체가 스스로 힘을 가지기 때문에 저를 좌지우지할 수 있는 것입니다. 이토록 언어가 가지는 힘은 대단합니다.
이렇게 주술적인 내용을 담고 있는 《음양사》는 13권으로 완결이 나는데요, 후반부로 갈수록 아무리 정신줄을 잡고 내용을 읽어도 도대체 작가가 무슨 이야기를 하고 있는지 알 수 없는, 눈을 뜨고 있어도 몽롱한 꿈속에 있는 듯한 상태가 되어버립니다. 내가 읽고 있는 만화책의 언어가 한국어가 분명한데 전혀 이해를 하지 못하는 기묘한 체험을 할 수가 있습니다. 온전히 이해하는 것은 쉽지 않지만, 유려한 아름다움에 큰 감동을 느낄 수 있는 작품이죠. 여러 가지 의미로 대단한 작품이니 기회가 되신다면 한번쯤 읽어보시길 추천합니다.
언어의 달변가 주인공을 한 명 더 꼽으라면, 쿄고쿠도 시리즈 《망량의 상자》, 《광골의 꿈》, 《우부메의 여름》 등에 등장하는 '츄젠지 아키히코'를 들 수 있습니다. 고서점 주인으로 위에 소개한 아베노 세이메이를 모시는 신사의 신주이면서 여러 사건의 진상을 해결하는 명탐정 같은 인물입니다. 셜록 홈즈나 그의 형 마이크로포트 홈즈, 혹은 엘큘 포와르처럼 사건 현장에 가지 않고, 자신의 사무실 안락의자에 앉아서 추리를 해내는 사고력이 대단한 인물입니다. 만화책에서 츄젠지 아키히코가 한번 말을 시작하면 마치 제가 그와 같은 거실에 앉아있는 듯한 착각에 빠집니다. 그가 입을 열 때마다 그의 이야기에 온 정신이 쏙 빨려들어 갑니다. 말로 주변의 기운을 흡수하는 그야말로 달변가라고 할 수 있습니다. 최면에 빨려들어 가는 듯한 언어의 마술사인 셈이죠.

이렇게 말을 너무 잘해서 사람들의 혼을 쏙 빼놓는 경우도 있지만, 대사 하나하나, 단어 하나하나가 묵직한 충격으로 전해져 큰 울림을 주는 만화가 있습니다. 바로 이가라시 미키오 선생님의 《보노보노》입니다. 귀여운 그림체와 주제가로 큰 인기를 끌었고, 캐릭터 상품이 워낙 많이 나왔기에, 어린이들을 위한 만화로 생각하시는 분들이 많으신데요, 원작 만화는 읽다 보면. 깊은 한숨과 함께 뒤통수를 망치로 맞는 듯한 충격을 받습니다. 제가 꼽은 세 가지의 《보노보노》 명대사를 만나볼까요?

너부리 보노보노, 도대체 넌 아는 게 뭐가 있냐?
포로리 너부리야, 보노보노는 모르는 게 아냐. 알 때까지 시간이 좀 걸리는 거야!
보노보노 내가 어른이 되면 누군가가 "됐어."라고 말해주면 좋겠다. 아직 안 됐으면 "안 됐어."라고 말해주면 좋겠다. 그럼 나도 좀 안심이 될 것 같다. 그럼 나도 좀 알 것 같다

도로리 누나 다른 사람의 욕을 그대로 믿는 건 그 욕을 한 사람만큼이나 나쁜 거야.

보노보노 재미있는 건 왜 끝나는지 알고 싶어요.
야옹이 형 재미있는 게 끝나는 이유는 슬픈 일이나 괴로운 일을 반드시 끝내기 위해서란다.

보노보노가 언제나 찾아가 질문을 던지는 숲속의 현자 야옹이 형. 보노보노의 순진하면서 엉뚱한 질문과 야옹이 형의 진지하면서도 삶을 생각하게 하는 답변들이 우리에게 다시 한번 진지한 시간을 선물합니다. 언어는 이렇게 우리를 바꾸고 변화시키는 힘을 가지고 있습니다. 이번 겨울 만화책 주인공들의 이야기에 조금 더 귀를 기울여보는 것은 어떨까요. 야옹이 형의 명대사로 이번 글을 마치려고 합니다. 지면이 이제 끝이 나기에 갑자기 글을 마무리하려고 하니 매우 곤란해지는군요. 곤란합니다 곤란해요.

야옹이 형 보노보노, 살아 있는 한 곤란하게 돼 있어. 살아 있는 한 무조건 곤란해. 곤란하지 않게 사는 방법 따윈 결코 없어. 그리고 곤란한 일은 결국 끝나게 돼 있어. 어때? 이제 좀 안심하고 곤란해할 수 있겠지?
보노보노 네, 야옹이 형.

이번 호 안심하고 곤란해 하면서 글을 마칩니다.
안심, 곤란, LOVE & PEACE, PEACE.

닥터 베로를 찾아온
손님 목록

음양사
오카노 레이코 | 씨앤씨미디어

인간과 인간이 아닌 존재가 공존하던 시절, 한 음양사와 한 왕족이 만난다. 하늘과 땅의 조짐을 읽는 음양사는 귀족들에게 차례차례 벌어지는 이상하고 끔찍한 일들을 조명하고 어떤 일이 벌어지고 있는지 확인하기 위해 끊임없는 실마리를 풀어나간다.

쿄고쿠도 시리즈
나츠히코 쿄고쿠

《우부메의 여름》, 《망량의 상자》, 《광골의 꿈》, 《철새의 우리》 등 나츠히코 쿄고쿠 작가의 시리즈 작품이다. 책방주인 외에 음양사라는 직업을 갖고 있는 '추젠지 아키히코'의 주변에 요괴와 추리에 관한 음산하고 몰두하게 되는 이야기를 담았다.

보노보노
이가라시 미키오 | 거북이북스

생각 많고 질문은 더 많은 아기 해달 보노보노. 작고 약하지만 귀여운 고집을 가진 포로리와, 툭하면 화를 내지만 잔정 많은 너부리와 함께 숲속의 일상을 그려낸다. 단순한 그림과 섬세한 웃음, 다정한 말들은 이야기를 이끌어가는 힘이면서 사람들이 사랑할 수밖에 없는 이유기도 하다.

이름 환불해주세요

사실 이 이야기는 너무 뻔한 이야기이다

마을은 거대한 어촌이었다. 그 마을에서는 공동으로 아이들을 양육하고 있었다. 아침이 되면 마을의 남자들은 모두 배를 타러 나가고, 여자들은 하루 종일 그물을 손질했다. 매일 아침 아이들은 커다란 강당에 모여 함께 시간을 보냈다.

글·그림 **한승재**

그곳은 놀이방이기도 했고, 학교이기도 했다. 네 살부터 열일곱 살까지 모든 아이들이 뒤섞여 놀았다. 때
론 서로 배우고 가르치는 관계가 형성되기도 했다. 보육교사가 몇 명 보이긴 했지만, 전문적인 교사는 아
니었고, 아이의 부모님들이 순번 체로 돌아가며 교사 역할을 하는 듯이 보였다. 곳곳에서 웃음소리도 들리
고 울음소리도 들려왔다. 아이들이 뛰노는 모습을 보면 이곳이 천국인가 싶다가도, 아이들의 비명과 울음
소리가 먼 곳에 튕겨 강당을 가득 채울 때는 이곳이 지옥인가 싶기도 했다.

승가 씨가 이곳을 처음 방문했을 때 그는 여행자 신분이었다. 이곳저곳을 떠돌며 사진을 찍고 또 다른 곳으
로 이동하는 것. 이것이 그가 하는 일이었다. 그는 이곳저곳을 떠돌 때마다 되도록 험하고 좁은 길을 걸
었다. 최대한 사람들의 발길이 적게 닿은 곳을 찾아 자신의 필름에 독점하고 싶은 욕심 때문이었다. 이 마
을은 벌써 두 번째 방문이었다. 그가 처음 이곳을 방문했을 때만 해도 이곳에 다시 오게 될 것이라 생각지
는 못했다. 심지어 그리 만족스럽지 않은 이유로 이곳을 다시 찾을 줄은 몰랐다. 경치가 좋아서, 혹은 아이
들이 너무 사랑스러워서 이곳을 다시 찾은 것은 아니었다.

처음 이 마을에 도착했을 때 그에게 가장 깊은 인상을 준 것은 아이들의 함성이었다. 아침 해가 뜨기 무섭
게 온 마을에서는 "우와아" 하는 함성이 들려왔다. 그리고 사방에서 메뚜기 떼처럼 아이들이 모여들기 시
작했다. 그는 진심으로 전쟁 혹은 폭동이 일어난 것으로 착각하고 숙소 주변에 숨을 곳을 찾아 두리번거리
기까지 했다. 그것은 이전에 한번도 본 적이 없는 장관이었다. 수백 명, 아님 수천 명일지도 모를 아이들이
무엇이라도 때려잡을 듯이 소리를 지르며 모두 강당으로 모여들었다. 그리고 잠시 주춤거리며 신발을 벗
어놓고는 다시 강당 안으로 뛰어 들어갔다. 아이들이 지나간 자리엔 어마어마한 양의 신발들이 쌓여 있었
다. 아이들의 머릿수에 곱하기 2만큼 되는 신발들은 마치 서로의 등을 기어오르려 하는 수천 마리의 거북
떼처럼 뒤집히고, 엉키고, 쌓여 있었다. 승가 씨는 어느 한구석에 신발을 얌전히 벗어놓고 강당으로 따라
들어갔다.

처음엔 아이들이 모여있는 사진이나 한 장 찍어야겠다고 생각한 것이었는데, 일이 조금 길어졌다. 승가 씨
는 아이들 한 명 한 명에게 관심을 갖게 되었고, 그곳에 체류하는 기간도 하루 이틀 늘어가기 시작했다. 승
가 씨도 아침이 되면 아이들과 함께 함성을 내지르며 강당으로 뛰어 들어갔다. 잠시 주춤하며 신발을 벗는
것도 잊지 않았다. 그는 매일 아이들과 놀고, 아이들에게 실뜨기와 야구 등 잡다한 것들을 가르쳐주었다.
그러던 중 그는 아주 중요한 사실 한 가지를 알게 되었다. 이곳에서 자라나는 아이들에겐 이름이 없다는
사실이었다.

이름이 없다는 것은 조금 지나친 표현일지도 모르지만, 정말로 그러한 것이나 마찬가지였다. 아이들은 자신에게 주어진 이름 대신 자신의 신발에 적힌 글씨로 불리고 있었다. 어느 누가 적었는지는 모르겠지만 수많은 아이들의 신발 뒤꿈치엔 모두 다른 글자가 적혀 있었다. 어느 아이의 왼발에 '나'라는 글씨가, 오른발에 '비'라는 글씨가 적혀 있었다면, 그날 그 아이는 '나비'로 불리게 되는 것이었다. 그리고 매일 아침 뒤죽박죽 쌓여버린 신발 속에서 아이들의 이름은 모두 뒤섞여버렸다. 어제는 '나비'였던 아이가 오늘은 '나방'이 되어버리는 식의 잔혹한 이야기가 매일 아침 반복되었다.

마을엔 탁구를 잘 치기로 유명한 두 소년이 있었다. 승가 씨가 기억하기로 이 아이들의 이름은 '찐찐' 과 '빠빠' 였다. 그런데 다음 날 두 아이의 이름은 '빠빠'와 '찐찐'으로 뒤바뀌어 있었다. 그리고 다음 날엔 '찐빠', '찐빠'가 되어 있었다. 어제는 누가 이겼고 그제는 누가 이겼는지 아이들끼리 모여 이야기를 할 때 승가 씨는 차라리 자리를 피했다. "찐찐이가 빠빠를 이겼는데 그 전날엔 찐찐이가 빠빠를 이겼으니까 결국 찐빠랑 찐빠가 찐빠찐빠 아이가?" 한 아이가 이틀 이상 같은 이름으로 불리는 것은 거의 본 적이 없었다. 사물도 이렇게 부르지는 않는다. 어른들이 잡아놓은 참치의 푸른 등짝에는 몸무게라도 적혀 있지 않은가? 이곳의 아이들은 무엇으로도 불리지 않는 셈이었다. 이곳 아이들에게 이름은 그 잔인하다는 출석 번호보다도 더 비인간적인 것이었다.

어느 날 승가 씨는 손짓 발짓을 섞어가며 육아를 담당하는 아주머니에게 물어보았다. 왜 아이들에게 이름이 없는 것인지. 아주머니는 바닥에 물고기와 그물을 그리고는 손짓 발짓을 섞어 설명해주었다. 물고기 그림 옆에는 물음표를 그렸다. 수많은 물고기에게도, 그물에도 이름이 없는데 왜 아이들에게만 이름이 필요한 것인지, 오히려 반문하는 것이었다. 아주 수줍은 얼굴을 한 채로… 승가 씨는 자신이 그들의 뜻깊은 철학을 이해하지 못하는 것인지, 아님 그들이 아이들을 양식장의 치어 정도로밖에 생각하지 않는 것인지 알 수 없어 혼란스러웠다.

그나저나 승가 씨도 역시 이름이 없는 것은 마찬가지였다. 처음에 벗어놓은 그의 신발은 수많은 신발들 사이에 뒤섞여버리고, 사람들은 승가 씨에게도 매일 다른 이름을 불러주었다. 자신의 본래 이름이 리처드 파커라고 아무리 설명해봐야 통하지 않았다. 승가 씨는 매일 발을 절뚝거리며 맞지 않는 신발을 신고 걸었고, 사람들은 그를 다음과 같은 이름으로 불렀다. '보통, 부르노, 셈셈, 당귀….'

모든 것을 단념하고, 이름에 대한 궁금증은 모두 잊은 채로 지내길 몇 개월. 어느 날인가 승가 씨가 그에게 딱 맞는 신발을 골랐을 때, 사람들은 그를 '승가씨'라고 불러주었다. 왼발엔 '승' 오른발엔 '가'라고 적혀 있었다. 그 후로 몇 번 신발이 뒤섞여 다른 이름으로 불리기도 했지만, 그는 대체로 '승가 씨'로 불리는 사람이 되어 있었다. 그는 아주 명확하게 그것이 그의 이름임을 체감할 수 있었다. 그가 태어날 때부터 불리던 이름 리차드 파커보다는 '승가 씨'라는 이름이 그에게 딱 맞는 것으로 느껴졌다.

아가들은 뒤뚱뒤뚱하며 아무렇게나 신발을 신는다. 왼발과 오른발을 바꿔가며 신기도 하고, 네것과 내것을 마구 뒤섞어가며 신기도 한다. 처음엔 어떤 신발을 신든 비슷한 느낌이다. 하지만 점차 성장하며 어떤 신발은 불편하게 느끼게 되고, 어떤 신발은 편하게 느끼게 된다. 이것은 10여 년에 걸쳐 아이들이 자신에게 딱 맞는 신발을 찾아가는 과정이다. 신발엔 모두 다른 이름이 적혀 있다. 그들이 신고 있는 신발에 적힌 글자가 자신의 이름이 되는 것이며, 이것은 그들에게 딱 맞는 이름을 찾아가는 과정이기도 한 것이다.

우리는 모든 것에는 이름이 있다고, 혹은 있어야 한다고 너무도 당연하게 생각을 한다. 하지만 오랜 시간 물고기를 기다리며 살아온 이들에게 이름은 조금 다른 것이었다. 물고기가 그물에 걸리기까지는 누구의 것도 아니다. 어떤 의미는 그것에 꼭 맞는 이름을 찾기까지 꽤 많은 시간을 필요로 한다. 사람의 이름도 다르지 않은 것이었다. 그들은 어떠한 의미가 그것에 딱 맞는 이름을 입을 때까지 아무것도 아닌 채로 놔둘 줄 아는 사람들이었다.

슴가 씨는 새로 얻게 된 '슴가'라는 이름이 자신과 딱 맞는다는 걸 알고 있었다. 하지만 어떻게 그런 이름으로 살 수 있겠는가. 사람들은 그의 진지한 사진을 감상하다가도 사진 옆에 조그맣게 적힌 그의 이름을 보고 피식피식 웃음을 터뜨렸다. 그는 결국 이름을 바꿀 결심을 하게 되었다. 그리고 다시 마을로 돌아오게 된 것이었다. 그는 이른 새벽의 함성과 함께 신발을 벗어 던지고 강당으로 뛰어 들어갔다.

어떻게 되었을까? 이것은 너무나 뻔한 이야기이다.

Vase

화병

뿔 같기도 하고 산호를 닮았으며 하프를 본떴나 싶은 이것은 원오원
더블베이스One-o-One Double Vase. 두 갈래로 뻗은 상아색 화병의
엉뚱하고 우아한 곡선을 바라보며 20세기 가장 중요하고 매력적인
디자이너 중 한 명인 에바 자이젤Eva Zeisel의 말들을 떠올려본다.

글·사진 김희선

화병에
담은 말들

두서 없이 TED 영상들을 찾아보던 시절, 유독 화질이 나쁘고 조촐해 보이는 화면 속에서 노년의 활기와 사랑스러움을 간직한 할머니를 발견했다. "저는 산업디자이너가 아닙니다. 왜냐면 제가 하는 일은 다르니까요. 산업디자이너들은 신기한 물건들을 만들려고 하지요. 신기하다는 것은 상업적인 개념이지 미학적 개념이 아닙니다." 귀가 번쩍 열리는 대목. 그녀의 이야기가 이어진다. "《이노베이션》이라는 이름의 산업디자인 잡지가 있다는 얘기를 들었습니다. 혁신은 제 작품이 추구하는 목표가 아닙니다." 이 통쾌한 선언에 나는 즉각 그녀의 팬이 되었다. 이 귀엽고도 대찬 할머니의 이름은 에바 자이젤. 우리나라 산업디자인의 역사에서는 좀처럼 다뤄지지 않지만 미국에서는 임스 부부, 러셀라이트와 함께 거론되며, 제2차 세계대전 이후 가장 중요한 디자이너 중 하나로 손꼽히는 인물이다. 팬심을 담아, 좀 더 고상하게 표현하자면 그녀의 말들을 매일 되뇌기 위해, 원오원이란 이름의 화병을 하나 장만했다.

장난기 어린
아름다움

"도예가는 장난기 섞인 마음으로 미를 추구하는 사람들입니다. 아마도 인류의 첫 행동은 장난스러운 미의 추구가 아니었을까 합니다. MIT 대학에서 수학을 가르쳤던 사라 스미스 교수는 인류가 처음으로 한 활동은 장난스러운 미의 추구였으며 인류의 모든 유용한 재능들은 바로 이러한 장난기 많은 미의 추구로부터 싹트기 시작했다는 글을 쓴 적이 있습니다. 장난스럽다는 것은 평생에 걸쳐 아름다운 사물들을 만들어야 하는 도예가의 작품 생활에 중요한 부분입니다. 저는 이미 75년간 작품 생활을 해오고 있습니다. 장난스러운 요소가 없이는 제가 어떻게 그 오랜 시간 아이디어가 고갈되지 않고, 창작의 즐거움을 느끼며, 남을 위한 선물로 사물들을 만들 수 있었을까요?" TED 영상 속의 그녀는 이미 95세지만 틈만 나면 농담을 건네고 능청스러운 표정을 짓는다. 그 장난기는 화병의 디자인에도 그대로 담겨 있다. 아름답지만 지루하다고 생각됐던 장미도 이 화병에 들어가면 어딘가 짓궂은 표정을 짓는다. 휘어진 가지는 한껏 더 휘어져 매력적인 통제 불능이 되고 만다. 적당할 것 같았던 이 잎사귀와 저 꽃은 영 어색해 보이고, 뜻밖의 궁합을 지닌 식물 조합을 발견하게 된다. 이 고집 세고 엉뚱한 화병의 매력을 알아가는 것은 그녀가 건네는 우아한 농담에 익숙해지는 것이기도 하다.

에바 자이젤 Eva Zeisel

에바 자이젤은 헝가리의 중세 도공길드(정확히는 굴뚝 청소부, 오븐 제작자, 지붕 타일공, 우물 파는 사람 그리고 도공들의 길드)에서 견습공 과정을 마치고 각국을 돌며 경험을 쌓며 저니맨Journeyman 수련을 완료한 최초의 여성이었다. 스스로 헝가리, 독일, 러시아의 일자리를 찾아 경력을 쌓았으며, 러시아에서는 도자기와 유리 산업 부문의 예술감독으로 임명되기도 했다. 스탈린 암살 음모에 가담했다는 누명을 쓰고 16개월간 갇혔다가 추방당했고, 오스트리아 빈이 독일군에게 점령당한 바로 그날 런던행 기차를 타 홀로코스트 위협을 가까스로 피할 수 있었다. 미국 이주 후 뉴욕 프랫Pratt 대학교에서 학생들을 가르치며 선구적인 도예 디자인 과정을 만든 주인공이자, 1942년 뉴욕현대미술관MoMA에서 단독 전시를 진행한 최초의 여성 아티스트이다. 그녀 자신도 뛰어난 공예가였지만 많은 사람의 일상에서 사용될 바라는 마음으로 다양한 브랜드와 협업하며 양산에 힘썼다. 그러면서도 "디자이너는 형태는 기능을 따르는 것이 아니며, 또한 제작 공정을 따르는 것도 아니란 점을 이해해야 합니다"라고 힘주어 말했다. 1960년대와 70년대에는 베트남 전쟁에 반대하는 캠페인에 힘쓰며 미국사에 대한 집필 작업에 매진하다 1980년대 대규모 회고전을 통해 복귀했다. 20세기 유럽과 미국의 근현대사를 관통하는 그녀의 멋진 모험은 2011년 105세로 세상을 떠날 때까지 계속되었다. 도자기뿐 아니라 가구, 프린트, 텍스타일, 조명 등 다양한 부문에서 새로운 클래식이 된 디자인과 함께, 디자인을 공부하고 있거나 공부했던 사람들의 시야를 넓혀주는 통찰력 가득한 어록들을 남겼다. 혁신이나 창의성에 대한 강박, 모더니즘에 대한 의문, 디자인 작업의 목표에 대한 의구심을 품고 있다면 그녀의 TED 강연 영상인 'The Playful Search for Beauty'를 보길 권한다.

ABOUT WHAT WE WRITE

우리가 쓰는 것들

자신만의 언어를 갖는다는 것, 그것을 종이 위에 글자로 옮겨 적는다는 것은 어떤 의미일까. 왜 우리는 자기 자신을, 그리고 세상을 글자로 바꾸려는 걸까. 영화 〈일 포스티노〉 속 노시인은 세상의 아름다움을 메타포로 옮겨 적는 방법을, 산문집 《우리가 아는 모든 언어》를 쓴 노작가는 모두가 알고는 있지만 아무도 말하지 않는 것들을 위한 언어를 찾는 방법을 이야기한다.

글 **한수희** 일러스트 **박영준**

성인이 된 후 스스로 원해서 익힌 첫 번째 외국어는 프랑스어였다. 어려서 다른 언어를 배울 때는 뭐가 뭔지도 모르는 채로 그저 쑥스러워하며 시키는 대로 따라 하기나 했지만("Hello!", "I am a student.", "How are you?"), 나이가 들어 내가 무엇을 배우고 있는지를 의식하면서 배우니 다른 것들이 보였다. 가장 재미있었던 것은 맨 처음 배우는 동사가 'être(~이다)', 그다음이 'vouloir(~을 원하다)'라는 점이었다. 나는 프랑스인들이 가장 먼저 자신을, 다음으로 자신이 원하는 것을 표현하고 싶어 하는 사람들이구나, 하고 생각했다. 참으로 프랑스인답다고도 생각했다. 하긴 몰라서 그렇지 다른 외국어들도 마찬가지일 것이다. 내가 누구인지, 그리고 내가 무엇을 원하는지를 말하는 것. 말하고 읽고 쓸 줄 모르는 사람이 배워야 하는 말 중에서 그것만큼 중요한 것이 또 있을까?

가만 생각해보자. 그런데 나는 내가 누구인지, 내가 무엇을 원하는지 정확히 알고 있을까. 남들 앞에서 그것을 이야기할 수 있을까. 그것을 내 모국어로 쓸 수 있을까. 그러고 보면 세상에서 가장 쓰고 싶지 않은 글이 자기소개서다. 다행히 내 인생에서 자기소개서를 쓸 일은 거의 없었지만 간혹 써야 할 일이 생기면 얼굴이 붉어지고 식은땀이 다 났다. 내가 나를 소개하다니 이 무슨 '렛 미 인트로듀스 마이셀프'적 상황이란 말인가.

성인이 되어 글을 써보려는 사람들은, 자기소개서가 아닌 제대로 된 글쓰기를 배워보려는 사람들은 모두 자신이 누구인지 알고 싶은 사람들 같다. 글자를 몰라서, 글을 쓸 줄을 몰라서 종이와 연필을, 텅 빈 모니터와 키보드를 앞에 두고 끙끙대는 것이 아니다. 우리는 무엇을 써야 좋은지를 모른다. 자기 자신이 누구인지를, 무엇을 원하는지를 모른다. 아니, 틀렸다. 우리는 이미 알고 있다. 하지만 그것들을 표현할 언어를 알지 못한다. 우리가 찾고 있는 것은 언어다. 우리 자신과 우리 주변에서 일어나고 있는 일들을 설명할 수 있는 정확한 언어들.

"마지막 구절이 마음에 들었어요. '인간으로 살기도 힘들다.' 저도 그런 느낌을 받은 적이 있었는데, 표현을 못 했거든요."

오래전 아카데미 외국어영화상을 받은 영화 〈일 포스티노〉는 칠레 출신의 세계적 시인 파블로 네루다와 섬마을 우편배달부 청년이 보낸 한때를 그린 이야기다. 네루다가 이탈리아의 작은 섬으로 망명하자 그의 앞으로 온 수많은 우편물들을 배달하기 위해 마리오라는 청년이 우편배달부 일을 맡게 된다. 평생을 이 섬에서 어부인 아버지와 함께 살아온 마리오는 시인과 가까워지고 싶어 그의 시집을 열심히 읽고서 귀찮을 정도로 쫓아다니며 시에 대해서, 메타포에 대해서, 사랑에 대해서 묻고 또 이야기한다. 그런 마리오가 네루다의 시를 읽고 난 후의 감상은 바로 그것이었다. 자신이 분명히 느꼈지만 말로 표현하지 못했던 감정을 시인의 시구에서 찾아냈다는 것.

그러니 무언가를 쓰기에 앞서 우리가 찾아야 할 것들은 남들이 모르는 사실들이 아니다. 모두가 알고 있지만 말하지 않는 것들, 또는 말하는 방법을 알지 못했던 것들을 위한 정확한 언어를 찾아내 그것들을 옮기는 것. 그것이 쓰는 사람, 작가가 하는 일이니까 말이다.
이것에 관해서 작가 존 버거는 이렇게 썼다.

삶에서 우리에게 일어나는 많은 일들에는 이름이 없는데, 이는 우리의 어휘가 가난하기 때문이다. 이야기들을 큰 소리로 전하는 것은, 이야기꾼이 그렇게 이야기를 전하는 행위를 통해 이름 없는 어떤 사건을 익숙하고 친숙한 것으로 바꾸기를 바라기 때문이다.
                                    – 존 버거, 《우리가 아는 모든 언어》 중에서

나는 존 버거를 좋아하는 사람들을 몇 안다. 그간 내게는 그들이 삶에서 일어나는 크고 작은 일들에 대해서 지나치게 호들갑을 떠는 것처럼 보였기 때문에, 그리고 종종 그들의 연약함과 섬세함을, 지성과 특별함을 치장하는 액세서리로 존 버거를 사용하는 것처럼 보였기 때문에 그들은 물론 존 버거에게도 못마땅한 마음이 들곤 했다. 물론 존 버거에게는 아무런 문제도 없다. 그는 훌륭한 작가이다. 다만 잘못 건 그림처럼 비뚤어진 내 마음이 문제였을 뿐.
얼마 전 나는 도서관에서 존 버거의 마지막 책을 발견했고 그 책을 빌려와서 읽기 시작했다. 책 전체는 얇고 가볍지만 종이 한 장 한 장은 꽤 두껍고 그 위에는 묵직한 글자들과 그림들이 가득하다. 때로는 사진도 있다. 짧은 글 하나를 읽는 데도 나는 여러 번 멈춰야 하고 또 수차례 앞으로 돌아가기를 반복해야 한다. 왜냐하면 존 버거의 언어는, 존 버거가 생각하는 방식은 나에게 익숙한 방식이 아니기 때문이다. 하지만 이 언어를 이해하려고 노력

하는 것에 충분한 가치가 있다고 믿었기에 열심히 읽어나갔다. 마치 외국어를 배우는 학생처럼 공을 들였다. 내게 존 버거의 책을 읽는 것은 새로운 언어를 배우는 것이나 같았으니까.

오랜 시간 동안 나로 하여금 글을 쓰게 한 것은 무언가가 말해질 필요가 있다는 직감이었다. 말하려고 애쓰지 않으면 아예 말해지지 않을 위험이 있는 것들.

                                    – 존 버거, 《우리가 아는 모든 언어》 중에서

이 구절을 읽고 나니 〈일 포스티노〉의 원작자인 안토니오 스카메르타가 소설 《네루다와 우편배달부》에 대해 쓴 문장이 떠올랐다. "나는 이 세계에서 자기 자신만의 시적인 언어를 가진다는 것이 얼마나 중요한지를 보여주고 싶었다. 비록 많은 사람들이 아직도 어디선가 살해되고 박해당할지라도, 나는 이 책을 통해서 그 잔혹한 괴물과 맞서 싸우고 싶었다."

자기 자신만의 시적인 언어를 갖는다는 것. 말하려고 애쓰지 않으면 아예 말해지지 않을 위험이 있는 것들에 대해서 쓴다는 것. 그것은 무엇을 의미하는 것일까. 또 어떻게 그것이 가능할까. 〈일 포스티노〉 속의 마리오는 섬을 떠나 칠레로 돌아간 네루다에게 보낼 선물로 섬의 아름다운 소리들을 녹음한다. 예전에 네루다가 이 섬의 아름다움이 무엇인지에 대해서 물었을 때 마리오는 제대로 대답하지 못했다. 그의 눈에 비친 아름다움은 오로지 짝사랑하는 베아트리체뿐이었다. 하지만 그는 이제 파도 소리와 나뭇가지에 스치는 바람 소리와 밤하늘에 가득한 반짝이는 별들의 소리와 아버지의 '서글픈' 그물 소리와 아내의 배속에 있는 아들의 심장 소리에 귀를 기울일 줄 안다. 그것들은 갑자기 나타난 것들이 아니다. 예전부터 그곳에 있던 것들이

다. 전에는 그에게 별다른 의미를 갖지 못했던 것들이다. 그러나 이제 그는 이방인처럼, 언어를 처음 배우는 아이나 외국인처럼, 이 세상에 막 초대받은 사람처럼 그것들을 발견하고 그것들이 내는 소리에 귀를 기울일 수 있게 되었다. 그가 시를 몰랐더라면, 시인을 만나지 않았더라면, 매일 해가 뜨고 지는 것과 같은 이 익숙한 아름다움을 새롭게 발견할 수 있었을까.

세상의 아름다움은 노력하지 않으면 발견하기 힘들다. 부지런해져야 한다. 시간이 필요하다. 공을 들여야 한다. 좋은 것은 늘 쉽게 얻기 힘들다는 것이 이 인생의 괴롭고도 즐거운 점이다. 마치 존 버거가 옮긴 로자 룩셈부르크의 옥중 편지 속 구절처럼.

"인간답게 지내는 것이 그 어떤 것보다 중요합니다. 그것은 확고하고, 분명하며, 활기찬 것을 의미하죠. 네, 이 모든 상황에도 불구하고, 어떤 일 앞에서도 활기차게 지내는 것이요. 흐느끼는 건 약한 자들에게나 어울리는 행동입니다. 인간답게 지낸다는 것은 거대한 운명 앞에 스스로의 삶을 즐겁게 던지는 것이지요. 그래야 한다면 말입니다. 그와 동시에 매일매일의 화창함과 모든 구름 조각들의 아름다움에서 기쁨을 느끼는 것이겠지요."

– 존 버거, 《우리가 아는 모든 언어》 중에서

돌이켜보면 마음이 가장 괴롭던 때는 세상에서 나 자신만이 유일하게 탐구할 만한 가치가 있다는 생각에 빠져 있던 때였다. 지금보다 조금 더 젊을 때였다. 그때 내 눈에는 거울에 비친 나 자신과 내가 걸어온 발자국과 내 눈앞에 펼쳐진 모호하고 비좁은 길밖에는 보이지 않았다. 시간이 지나자 점점 그밖의 것들이 눈에 들어오기 시작했다. 마리오의 바다와 하늘과 바람과 별과 사람들처럼, 늘 곁에 있던 것들과 전에는 아무런 가치가 없던 것들이.

나는 어떤 사람일까? 나는 무엇을 원하는 걸까? 그것은 중요한 것일까? 시간을 들여 연구할 가치가 있는 것일까? 그렇기도 하고, 그렇지 않기도 하다. 자기소개서를 써야 할 나이는 지났다. 이제는 자신을 파헤치는 것보다는 우리 주변의 세계가 들려주는 이야기에 귀를 기울이고, 그것들을 표현할 정확한 단어들을 찾으려 노력해야 하는 것이다.

이 삶의 아름다움을 발견하고 나면 더 이상 나만 아는 인간으로 살아갈 수

없다. 세상이 아름답다고, 경이와 신비로 가득 차 있다고 느끼는 사람들이 그것을 훼손하려는 것들을 가만히 두고 볼 수는 없는 노릇이다. 이제 그들은 자기 자신만을 보지 않는다. 마리오가 네루다를 위해 쓴 시를 읊기 위해 집회에 나가는 것처럼. 존 버거가 수영장에 누워 천창으로 하늘의 새털구름을 바라보는 내밀한 시간을 즐기면서, 동시에 세상에서 일어나고 있는 비참한 사건들에 대해 떠올리는 것처럼.

어제 신문에서 가자지구의 팔레스타인인 스무 명이 집에서 폭격을 맞았다는 소식을 읽었다. 미국이 이라크에 있는 자신들의 정유 시설을 지키기 위해 삼백 개가 넘는 부대를 은밀히 파병했다는 소식과 아이에스에 납치된 미국 언론인 제임스 폴리의 참수 장면이 공개되었다는 소식, 남자, 여자, 어린이가 포함된 서른다섯 명의 인도 출신 불법 이민자들이 런던에 정박하기 위해 이제 막 북해를 건넌 화물선의 컨테이너 안에서 질식사했다는 소식을 읽었다.

새털구름은 북쪽, 수영장의 끝을 향해 흘러간다. 나는 물에 뜬 채로 가만히 누워, 꼼짝도 하지 않는다. 나는 구름을 지켜보며, 눈으로 그 넘실거리는 모양을 기록한다.

그때 풍경이 보여 주는 확신이 변한다. 변화를 이해하는 데는 시간이 필요하다. 천천히 그 변화는 분명해지고, 내가 받는 확신도 더 깊어진다. 하얀 새털구름의 털들이 손을 머리 뒤로 깍지 낀 채 물 위에 떠 있는 한 남자를 바라본다. 이젠 내가 그것들을 바라보는 것이 아니라, 그것들이 나를 바라본다.

– 존 버거, 《우리가 아는 모든 언어》 중에서

속이 텅 빈 언어가 아닌, 타인이 나에게 주입한 언어가 아닌, 나의 언어를 찾을 수 있기를. 더 정확한 언어로 말할 수 있기를. 언제까지나 이방인처럼, 언어를 처음 배우는 아이처럼, 이 세상에 막 초대받은 사람처럼 살아갈 수 있기를. 그리고 언제까지나 그런 이야기들을 쓸 수 있기를. 그런 것들을 나는 바란다.

일 포스티노
마이클 래드포드 | 드라마 | 114분

작은 섬 칼라 디소토에 오게 된 시인 네루다. 네루다와 가깝게 지내면서 섬마을 여자들의 관심을 끌고 싶었던 마리오는 그와 우정을 쌓아가면서 시와 은유의 세계를 만나게 된다. 그리고 그의 마음 한편에서 움트는 이성과 감성을 발견한다.

우리가 아는 모든 언어
존버거 | 열화당 | 110쪽

이 책에 담겨 있는 11편의 짧고 긴 에세이에는 존 버거의 드로잉과 메모, 생각이 모두 서려 있다. 마지막 순간에도 놓치지 않으려고 했던 이름 없는 대상이 이 책의 이야기와 함께 흘러나온다. 그가 사랑하는 것들만을 위한 모든 언어이기도 하다.

HELLO, PEERS!

습관의 감옥
폴 윌리엄스, 트레이시 잭슨 | 판미동

사람들은 종종 습관의 감옥에 갇힌다. 익숙한 행동이나 생각, 일들이 새로운 변화보다 더욱 편하기 때문이다. 사실 사람들은 자신의 습관을 통해, 무엇이 자신의 문제인지 잘 알고 있다. 삶을 조금 더 풍요롭게 만들기 위한 변화는 어떻게 이루어지는 걸까. 누군가의 이야기로부터 신의 한 수가 시작된다.

H. panmidong.minumsa.com

적당한 거리의 죽음
기세호 | 스리체어스

"죽은 자가 누울 자리는 산 자들이 결정하지만, 산 자들의 삶의 방향은 죽은 자가 제시할 수 있다." 건축학도인 저자가 '묘지'라는 공간을 통해 도시가 죽음을 대하는 방식을 들여다봤다. 묘지를 도시 밖으로 밀어낸 서울과 죽음을 포용하는 파리를 통해 우리는 무엇을 느낄 수 있을까?

H. blog.naver.com/biography_

물론이죠,
여기는 네덜란드입니다
김선영 | 에이엠스토리

제목에서 느껴지는 조건 없는 긍정에 이 나라가 더욱 궁금해진다. 네덜란드의 오렌지와 풍차, 튤립 대신 자유와 평등, 관용을 이야기하는 에세이가 담겼다. 마약, 성매매, 안락사 등 급진적인 정책을 추진하게 된 역사적 문화적 배경 등을 통해 네덜란드에 대한 새로운 시각을 제시한다.

H. amstory.co.kr

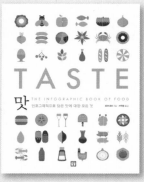

맛
로라 로우 | 미래의

《올리브 매거진》의 에디터로 영국에서 10여 년 동안 음식과 음료에 관한 글을 써온 로라 로우가 100여 가지의 식재료와 술과 음료, 요리 등을 소개하는 책이다. 밭에서, 농장에서, 부엌에서, 식탁에서, 그리고 바에서 구할 수 있는 재료들을 인포그래픽과 함께 보기 좋게 담아냈다.

H. miraebookjoa.blog.me

가지
명동예술극장

지난해 재외한인작가들의 작품을 연달아 소개한 '한민족디아스포라전'의 다섯 개 공연 중 가장 호응이 좋았던 연극 〈가지〉가 재공연된다. 아버지의 죽음을 앞둔 재미교포 2세의 이야기를 음식으로 풀어냈다. 문화, 언어, 성격, 입맛 등 모든 면에서 너무 다른 부자가 그려진다.

A. 서울시 중구 명동길 35
H. mdtheater.or.kr
O. 2018년 2월 21일~3월 18일

람실
라움트

암실은 빛이 완전히 차단된 공간으로 보통 사진을 현상하는 공간을 의미한다. '람실'은 창작자들을 위한 실험적이고 독창적인 문화공간 '라움트'에서 운영하는 사진 암실 프로그램의 이름이다. 다양한 작업을 하는 사진가들과 함께 암실 체험을 할 수 있다.

A. 서울시 마포구 잔다리로 93
H. Laumt.com
O. 2018년 2월 20일~3월 20일

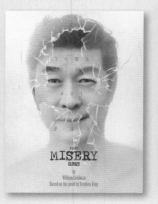

미저리
두산아트센터 연강홀

영화로 잘 알려진 스티븐 킹의 동명 소설을 각색한 연극이다. 2015년 배우 브루스 윌리스를 브로드웨이 연극 무대에 도전하게 했던 작품이기도 하다. 스크린 속 배우를 연극 무대로 끌어들인 힘은 무엇이었을까? 참고로 그와 같은 역으로 김상중, 김승우, 이건명이 캐스팅됐다.

A. 서울시 종로구 종로33길 15
H. doosanartcenter.com
O. 2018년 2월 9일~4월 15일

아마데우스
광림아트센터 BBCH홀

모차르트와 살리에리, 음악을 향한 열정은 닮았지만 타고난 재능과 삶은 달랐던 두 인물을 그린다. 연극이지만 약 20명의 배우와 6인조 오케스트라가 함께 무대를 꾸민다. 모차르트의 음악이 오케스트라와 함께 연극 무대에서 어떻게 구현될지 기대된다.

A. 서울시 강남구 논현로163길 33
H. klarts.kr
O. 2018년 2월 27일~4월 29일

하루 물 2리터 습관템
#이너워터팩

첨가물 NO, 향신료 NO, 색소 NO!
과일이 가진 비타민과 미네랄을 물과 함께 그대로 섭취 할 수 있게
해주는 **이너워터팩**으로, 당신의 하루 **물 2리터**를 더 맛있고,
건강하게 즐겨보세요!

검색창에 **낫띵베럴 이너워터팩** ▼ 을 검색하세요! / 푸드 라이프스타일 브랜드 **낫띵베럴** www.nothingbetter.co.kr

새기고 싶은 언어

새로 산 다이어리의 첫 페이지, 책상 앞 가장 잘 보이는 자리, 혹은 몸과 마음. 그곳이 어디든 당신이 새기고 싶은 당신의 말을 알려주세요. 누군가의 이름이든, 단어이든, 숫자이든, 당신만의 의미를 담고 있다면 무엇이든 좋아요.

벽에 새긴 아들의 키 | 발행인 송원준

내가 어렸을 때도 그랬다. 커가는 나의 키를 벽에 그려놓았다. 이사를 하며 모두 사라져 버린 흔적들. 그때는 그것의 소중함을 몰랐다. 하지만 이제는 안다. 그리고 아들에게는 키의 흔적을 물려주고 싶다.

숫자 2 | 편집장 김이경

미신을 믿는 편은 아니지만, 숫자 2는 내가 살아오면서 행운이 있는 사람이라는 생각이 들게 해줬다. 우선 사람들이 내 이름을 부를 때 등장한다. 어릴 적 별명은 이공이었고, 휴대폰 번호에도 2가 빠지지 않았다. 숙소의 202호, 집의 2층, 두 번째 선택. 이런 것이 나를 좋은 방향으로 이끌어줬다. 어딘가에 새겨놓고 싶은 특별한 숫자다.

안녕 | 마케터 조수진

나이가 들면서 점점 포기해야 하는 것들이 많아진다는 것을 깨닫는다. 무언가를 선택하면 그에 따른 포기도 있다는 건 당연한 건데 왜 놓지를 못 하는 것인지… 아직 철이 덜 들었나 보다. 미련을 버리고 이제 제발 '안녕'하자는 의미에서.

Gracias A la Vida | 마케터 최현희

"내가 살아있는 동안 고생은 끝이 없겠지만 / 그 고통을 견뎌내는 사랑 또한 끝이 없으리니 / 그라시아스 알 라 비다, 내 삶에 감사합니다." 몇 해전, 시인 박노해 전시에서 보았던 글귀이다. 평소에 느끼던 감상을 표현한 세 문장과 '그라시아스 알 라 비다'라는 스페인어가 나를 사로잡았다. 스페인어를 배우게 된다면, 꼭 동명의 메르세데스 소사 노래를 본토 발음으로 불러 두고두고 마음에 새기고 싶다.

매일 행복할 순 없어도, 매일 행복한 일은 있다 | 경영지원 양유진

이거! 지금 다이어리에 적혀 있는 글이다.

열여섯 개의 숫자 | 에디터 김건태

태어날 때부터 숫자를 잘 기억하지 못하는 병이 있다(라고 믿고 있다). 전화번호를 외우는 건 정말이지 고역이다. 그렇지만 부모님의 생신과 기일만큼은 잊고 싶지 않다. 영화 〈메멘토〉의 레너드가 그랬듯, 내가 가장 잘 볼 수 있는 곳에 열여섯 개의 숫자를 새기고 싶다.

세 개의 문장 | 에디터 이현아

몇 년간 회사 모니터에 붙여두고 마음에 새기던 문장을 그대로 옮겨볼까 한다. '선택된 고독의 아름다움', '생생한, 깊은, 고요', '자기의 풍부'.

소문자 l과 숫자 11 | 에디터 정혜미

내 이니셜에는 l이 없고 숫자 11도 나와 직접적으로 관련이 없다. 그런데 나는 l과 11에 관련된 여러 사람들과 관계를 맺었다. 대부분은 나에게 무언가를 깨닫게 해주거나 기억에 깊이 남은 사람들이다. 나에게는 없는 l과 11을 새김으로서, 한 부분이 채워질 것 같다.

Agis envers le moment | 에디터 김혜원

2016년 11월 처음 타투를 했다. 왼쪽 네 번째 손가락에. 스무한 살에 친구의 타투를 보고 언젠간 나도 손가락에 의미 있는 말을 담고 싶다고 생각했었다. 마침 회사를 관두고 한 달의 여유가 생겼고, 그때가 타투를 해야 할 순간이라고 느꼈다. 이 문장은 당시 내가 손가락에 새기고 싶었던 말이다. '순간을 향해 행동하라'는 의미의 불어. 여러 이유로 결국 다른 문장을 새기게 되었지만, 언젠간 이 문장을 몸 어딘가에 새기고 싶다.

휴스 '별 하나' | 에디터 이자연

올해 결국 서른이 됐다. 스무 살에 친한 친구 Y가 알려준 휴스의 시로 20대를 새기고 싶다. "나는 당신의 커다란 별이 좋았다 / 당신의 이름은 몰라 부를 수 없었지만 / 달 밝은 밤 / 온 하늘에 깔린 달빛 속에서도 / 당신은 당신대로 찬란히 빛났다"

모니터 한편에 써있는 문장 | 디자이너 윤원정

바코드 확인, 사진 링크 확인, 여백 확인…. 한 달에 한번 《어라운드》를 내기까지 수많은 수정을 거친다. 그 과정에서 실수가 생길 수 있기 때문에 수정이 늘어날수록 확인할 것들도 늘어난다. 그래서 내 모니터 한편에는 마지막으로 꼭 확인해야 하는 목록을 적어둔다. 마감일 때 내가 어떤 상태일지 모르기 때문에….

나는 아름다운 존재다 | 디자이너 최인애

단어 하나를 정해야 하는 게 부담스럽지만 굳이 생각해보자면 '나는 아름다운 존재다'로 새기고 싶다. 일이나 관계들에 힘들어지고 자존감이 떨어지면 내 탓을 하게 될 때가 있는데 그런 순간에 이 말을 본다면 조금 힘이 날 것 같다.

LOUIS CLUB
MEN's PLAYGROUND

ONLINE
CONTENTS + FLAGSHIP STORE
COMMERCE

VOL.01 VOL.02 VOL.03 VOL.04 VOL.05 VOL.06 VOL.07 VOL.08 VOL.09 VOL.10
VOL.11 VOL.12 VOL.13 VOL.14 VOL.15 VOL.16 VOL.17 VOL.18 VOL.19 VOL.20
VOL.21 VOL.22 VOL.23 VOL.24 VOL.25 VOL.26 VOL.27 VOL.28 VOL.29 VOL.30
VOL.31 VOL.32 VOL.33 VOL.34 VOL.35 VOL.36 VOL.37 VOL.38 VOL.39 VOL.40
VOL.41 VOL.42 VOL.43 VOL.44 VOL.45 VOL.46 VOL.47 VOL.48 VOL.49 VOL.50
VOL.51 VOL.52 VOL.53 VOL.54

정기구독 안내
어라운드는 월간지로 발행됩니다.
정기구독 신청자에게는 할인 혜택과 함께
매달 특별한 엽서와 배지를 드립니다.

1년 정기구독 총 11권(7·8월 합본호)
148,500원(10%할인)
aroundstore.kr

광고문의 ad@a-round.kr | 070 8650 6378
구독문의 magazine@a-round.kr | 070 8650 6375
기타문의 around@a-round.kr | 02 6404 5030
어라운드빌리지 around@a-round.kr | 070 8638 6214

MAGAZINE a-round.kr
STORE aroundstore.kr
INSTAGRAM instagram.com/aroundmagazine
instagram.com/aroundmagazine.eng
FACEBOOK facebook.com/around.play
FILM vimeo.com/around